吾知醜

有趣生活觀察

美好得反個小白眼

目序

序・和插畫師的幸福一刻

第一章．感受生活的幸福

第二章・陪伴的溫暖

第三章・成長的美好

第四章・剛好的生活節奏

第五章・大家的幸福

自序

生活有些小美好，也有些反白眼。

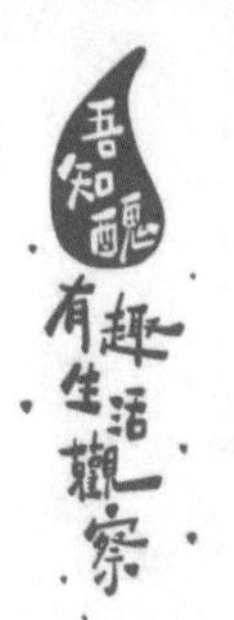

寫書前，畫畫前，我都會先吃一杯雪糕、看一小段電影短片，或播放一首喜歡的歌。

因為想確保書是在比較快樂的時刻寫的，日後想起也會記得這份美好。

謝謝出現過在我生活的所有人和事，我的腦袋不是空空的，全都是因為你們。

（想大叫一句：我出書喇！）

幸福是

將我和我們的故事都畫成一幅幅畫，記錄在紙上。

反個小白眼！

有了我，你們更快樂，是不是？（不准答不是！）

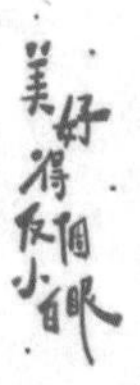

序

和插畫師的幸福一刻

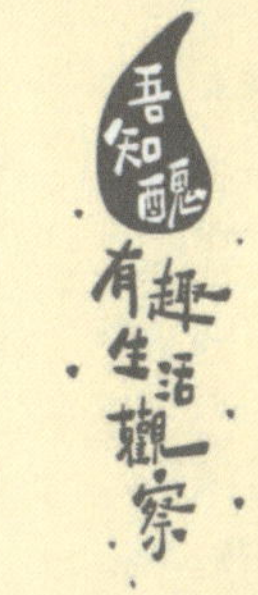

Ohlittlesweet

ohlittlesweet

我覺得幸福是……當第一次遇見時，
感覺到他是一個善良的人，
直覺告訴我……
我們將來可能可以成為好朋友，
但無論最後會否成為朋友，
能夠遇到阿醜，這麼善良的人，
已經是一件幸福的事了……
雖然不明白為甚麼作者筆名叫阿醜，
但其實本人是一個非常俊俏的人。
大家必須要帶書找作者簽名，
親身感受一下作者的善良和俊俏的臉孔。

Oh... little sweet 波比字

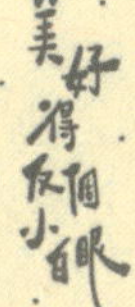

同波比嘅小美好

互戴高帽又正又靚

我哋又靚又sweet!!

人夫的生存日誌

husband_survival_log

生活總有高低起伏，在忙碌與轉變之間，我的畫畫專頁已近兩年無聲無息。當我幾乎快要忘記自己曾經熱愛創作，阿醜，輕輕一句：「快啲畫番嘢啦。」

一句溫柔的提點——提醒我有人仍然記得、仍然關心。原來被記得，是一種很珍貴的幸福。

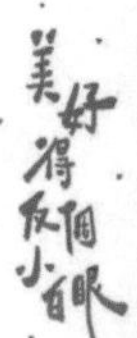

、同人夫嘅小美好、
一見如故
扮吾知醜嘅人夫
扮人夫嘅吾知醜

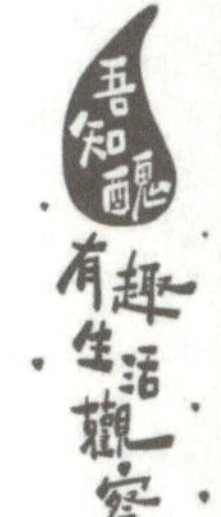

LEOW

leow_drawing

還記得 2022 年的 10 月，那次在美荷樓我們的畫展，我們幾個一時興起扮起萬聖節模特兒。面對鏡頭，明明尷尬卻硬撐著擺姿勢，內心「知醜」又怕羞。但當快門按下，笨拙化作笑聲，定格成彼此眼中最生動的畫面。原來幸福，就是能與你「吾知醜」地，笨拙卻坦然地擁抱當下每一刻微風般的人生。

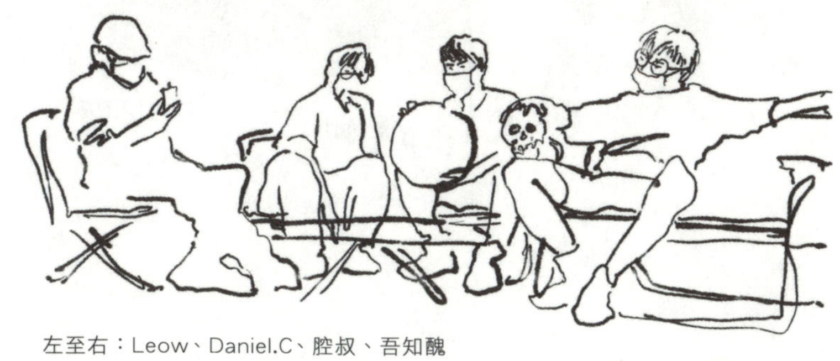

左至右：Leow、Daniel.C、腔叔、吾知醜

美好得反個小白眼

、同Leow嘅小美好、

互相啟發

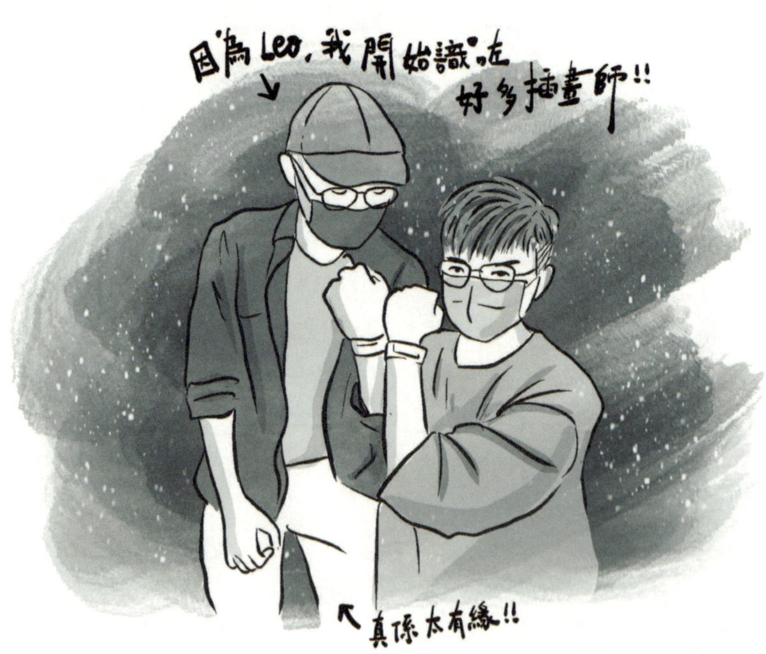

腔叔

hungjeruncle

小確幸就係，識到啲唔知醜嘅朋友，
大家一齊旅行跳舞畫畫買花花褲，
更重要係會一齊做蠢事。

、同腔仔嘅小美好、

一齊放下負

(一齊落地獄)

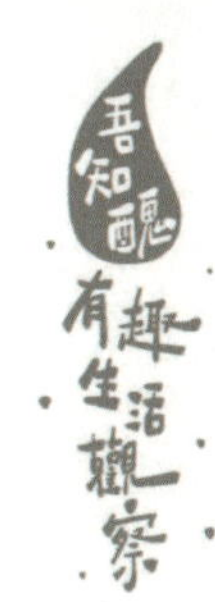

叫我姐姐

@callme_je_je

我和醜的小幸福，是每一週風雨不改的網上聚會。和一班從未見過的朋友一起畫畫、聊天、吵鬧歡笑的那幾個小時。

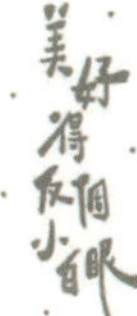

同姐姐嘅小美好

開live玩game

隔住個mon一齊畫+玩咗幾個月!!

Yobe

yobeeeeeee

吾知醜這個大名很早時期已經聽過，只是一直沒找到機會接觸和認識。直至到一次市集，他剛巧在我隔桌，然後發現了大家都有很多驚訝的共通點。

看似很年輕的一個人，原來已婚和有一個女兒，而他女兒的英文名字跟我女一樣，出生日期也一樣是同月同日生，沒想到一個市集會一直聊湊女經……

多謝吾知醜邀請寫序，期待你的出版日！！

恭喜吾知醜成功出書，祝大賣！！！

BE YOUR FRIEND

、同yobe嘅小美好、

收到聖誕卡！

勁精美!!

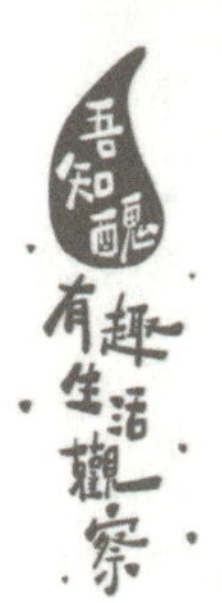

東尼電機

tonyelectronic

大家好我是東尼，我跟阿醜的關係撲朔迷離，曾經有記者影到我們兩個在台南卿卿我我，言談甚歡。我在這裡要澄清，這個是事實，我和醜為藝術而咩牲（唔識寫），為了拍攝荷里活大電影，已進入忘我境界。人稱畫壇林家謙的阿醜，輕鬆找到台南大美人阿魚作為模特兒跟我們拍照，尷尬萬分，阿魚本想拒絕但見我們英俊瀟灑最後也答應了。據説當時阿魚曾經反白眼 248 次，最終都能拍到完美的作品好幸福喔。

後來因為爭女，我和阿醜已經反目成仇沒有再聯絡，但他竟然這麼努力醉心藝術今年出書了！還找我寫序！這就是愛！得閒約阿魚食飯 OK ？

想見你。

美好得反個小白眼

、同東尼嘅小美好、

跳老舞 組男團

虐詩觀眾show

爵爵與貓叔

jiejie_unclecat

原來幸福
就這麼簡單

雖然還沒跟你見過面，

也錯過很多次跟你見面的機會，

但你出書還是很替你開心！

希望我們能夠相見歡。

要一起幸福喔！

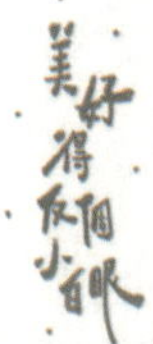

\同爵爵貓叔嘅小美好/

看到你們就看到了希望

Sushi
@c4choco

有時候唔係做嗰樣嘢感到幸福，
而係同邊個去做咩嘢而感到幸福。

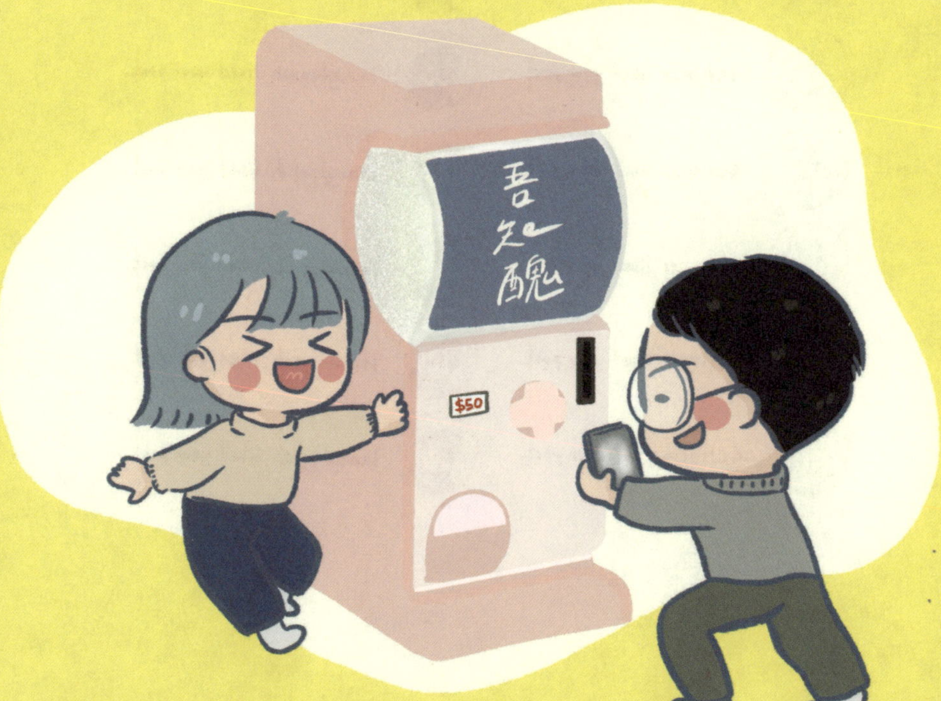

同sushi嘅小美好

轟炸式畀心

c4choco liked your post.

iamuglyyeah liked your post.

c4choco liked your post.

iamuglyyeah liked your post.

c4choco liked your post.

iamuglyyeah liked your post.

c4choco liked your post.

iamuglyyeah liked your post.

c4choco liked your post.

iamuglyyeah liked your post.

c4choco liked your post.

iamuglyyeah liked your post.

A4

@yusha4weekly

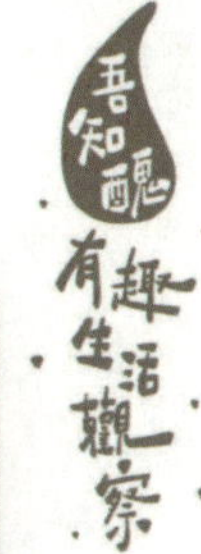

恭喜阿醜出書！
好開心你搵我畫呢一版！
同你最開心就係一齊睇傳媒優先場嘅時光，
一齊睇戲，一齊食飯，
一齊睇睇吓戲瞓著 XD

\同A4嘅小美好/

冇拍跳舞同我打氣

真係開心咗!

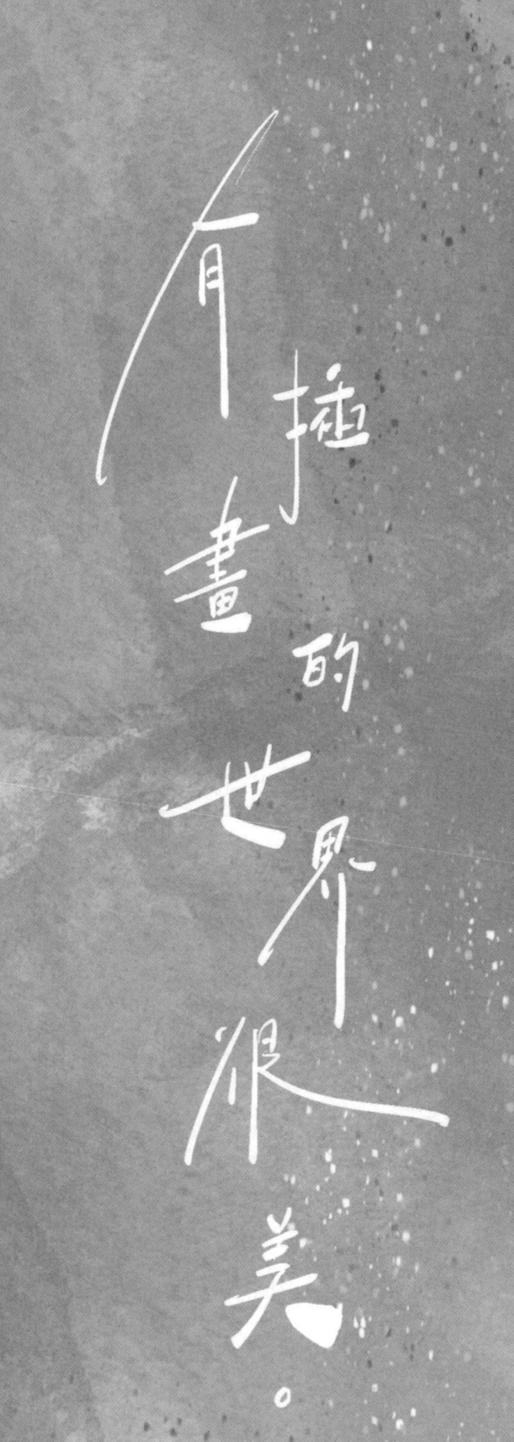
有插畫的世界很美。

感受到微風
發現
耳邊的小美好
聽歌

吃、吃、吃

發白日夢

有人陪

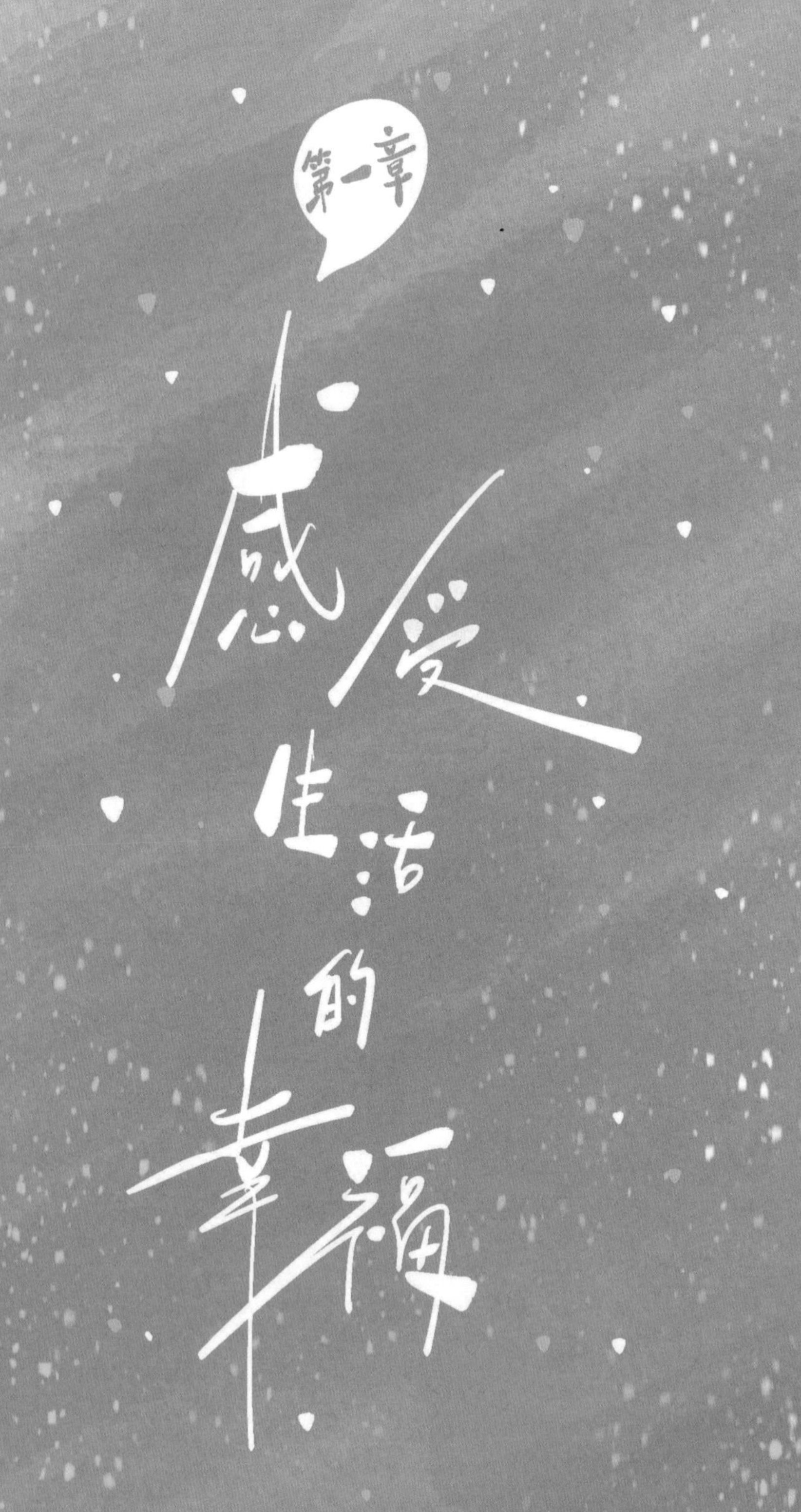
第一章
感受生活的幸福

咩都好

啤啤佢!!

咩都好，啤啤佢

大學時期，有次和表哥、表姐夫去吃宵夜。

我正準備叫汽水時，表姐夫點了兩枝啤酒，然後問我：
「你也喝啤酒的吧？」
「好啊！」

飲一口啤酒，冰涼的苦澀味充斥口腔，嘩，很想吐出來。
我真不明白，啤酒那麼苦，有甚麼好喝的。
後來聽到有人說：「覺得啤酒苦，但人生更苦。」

好像很有人生哲理，好多人有共鳴。但我一開始聽到反白眼，因為覺得既然都過得這麼苦了，為甚麼不喝一點甜飲呢？
至少喝的當下很幸福呢！

直到有次同事問我：「珍奶這麼肥，為甚麼你仍然還要喝？」

終於領悟到同一道理，就是：
「我鍾意飲就飲，解釋幾多都只係藉口。」

點都好，飲杯！

幸福是

啤酒也好，珍奶也好，想喝就喝，不必解釋！飲！

反個小白眼！

啤酒咁苦，人生更苦；珍奶這麼肥，你更肥。

當你感到無力
不妨食吓雪糕

當你感到無力，不妨食吓雪糕

不開心時怎麼辦？我其中一個方法是吃雪糕。

記得有一段時間情緒有點低落，
像是有小小抑鬱。

那時剛出來工作、朋友各有各忙，
面對生活的不適應，回到家自己一個對著四面牆，
有種透不過氣的感覺。

於是決定下樓買杯雪糕吃，
離開一下令自己不舒服的地帶，
然後好像真的有好一點。

我發現，雪糕未必解決到眼前的事情，
但至少它可以讓自己的心情好一點。

自此每次一唔開心，
我便會想，
「吃杯雪糕先。」

幸福是

暫時離開一下讓人不舒服的地方，和吃一杯冰冰的雪糕，
心情也會隨之改變。

反個小白眼！

十年前吃時 58kg，十年後食是 68kg。
果然，雪糕掃走不開心，帶來快樂的體重！

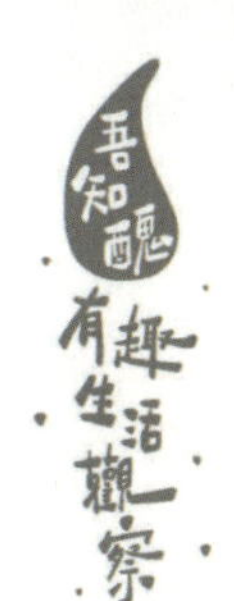

最開心嘅旅行方法

懶遊

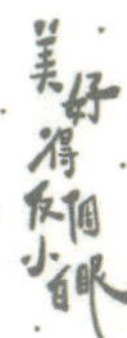

最開心的旅行方式──懶遊

有次和兩個朋友去日本，
玩了很多地方，多得都數不清去了哪些景點。

而我旅程中最深刻的時刻，
是我們三個坐在河邊一個小斜坡，
吹著風，度過了一個下午，
這不是計劃好的行程，
但這個 chill 著感受異地的體驗卻最難忘。

如果你也和我一樣，喜歡簡單放鬆的旅行方式，
以下懶遊 6 式推介給你！

1. 睡到飽，才出發
2. 不狂跑景點，在異地 chill 一下也是行程
3. 計劃好的行程不用死跟，接受彈性調整
4. 狂聽一首歌，以後聽到這首歌便會想起這次旅行
5. 不用刻意買手信，見到才買，不要浪費寶貴時間
6. 試試坐巴士或走路，會比地鐵看到更多！

祝大家旅途愉快！

幸福是

放下平日的自己，在異地享受不一樣的生活。

反個小白眼！

最不喜歡狂趕打卡點，比返工更累！

忘記過去的美 看見現在的好

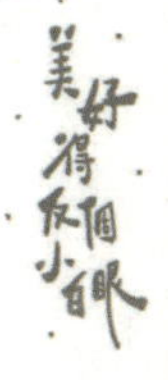

忘記過去的美，看見現在的好。

當我第一次聽到這句歌詞時，內心有種抽搐感：
「那動人時光 不用常回看」

我一直慣於懷念過去，
覺得以前的種種事物都有種美好——
中學時回望以前開心的童年、高中時回望青蔥的校園生活；
大學時回望家庭的溫暖、工作時回望以前一股傻勁的自己。

就是沒有好好活在現在。

我想起電影《重慶森林》的男主，
沉溺於舊生活的一切，
以致女主角早已入侵了他的生活也不知，
舊物逐件被換走，他才開始看清眼前的好。

聽到「那動人時光 不用常回看」，
看到《重慶森林》時，
好像想起了自己——
原來我的習慣性喜舊，
不一定是一個好習慣來的。

幸福是

看見現在的好。

反個小白眼！

如果現在不好，怎麼辦？（再算吧）

深水埗
最平凡的日常

深水埗最平凡的日常

那天在美荷樓完了市集，
開始入夜，我獨自在深水埗走著，
準備隨便入間小店吃晚餐。
隔著一條馬路，看見一間老士多。

舖前開了一張圓枱，有數個老街坊圍坐著打邊爐，
有人拎著碗筷，有人喝著啤酒，有一句沒一句地閒聊。
店主在另一頭聽老人家絮語，
不知是在懷念舊時，還是抱怨身體又變差了。

士多的貨物亂得很整齊，幾個紙皮箱上擺著些舊雜誌報紙，
好像是刻意營造的地道氣氛，像極了一個港產的電影畫面。

我站在對街，等過馬路。
聽到車子慢慢停下，又聽到綠燈響起的聲音，
我不太想理會綠燈的催促，拿起相機拍下這幕。

不禁想——
這種最平凡的日常，
可能是我最希望過的生活。

幸福是

偶然停下來欣賞最平凡不過的日常。

反個小白眼！

世界不斷逼我走快點，快到我都以為急速才是正常的節奏。

食飽
先再追夢

食飽先再追夢

有沒有發現，阻礙著你前進的，
並不是你的惰性——
因為只要你找到熱衷的事，
再睏、再懶，也會想熬著去完成！

也不是你的心情——
因為你會有份直覺，
當走對了路，你心情自然會十分好！

也不是你的能力——
因為努力後得不到的，
會自動放棄，轉個彎另找一條路。

那是甚麼令你走不了的呢？
可能是因為太餓了。

肚子沒有東西，腦子也會沒有東西的；
吃一餐好的，自然有無限靈感。

很想吃東西，吃完再追夢吧！

幸福是

吃東西，準備吃時很期待；進食時很享受；吃後很滿足！正！

反個小白眼！

小心吃得太滯，全日消化不了的感覺難受死了。

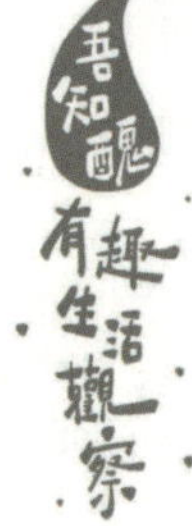

穿越時空的方法

美好得反個小白眼

穿越時空的方法

我有一個穿越時空的方法，
就是聽一首舊歌。

有次我坐在電腦前，
準備播放一首童年聽過的歌，
腦內練習一下當時的情景。

然後，深呼吸一下，
閉上眼睛，開始播歌。

腦內的畫面播放著童年時的老家，走在當時的樓梯上；
隨著歌曲，真的好像回到了過去，
甚至感受到了當時的氣氛。

好像真的被大腦騙到了，
呼喚起了一份塵封感覺，
有少少激動，也有點想哭。

不妨用歌曲，喚起每一個你覺得值得回憶的時刻。
去旅行時、放學時、吃下午茶時，甚至在家 hea 時，
不停狂 loop 某首歌，將來它會帶你回來的。

幸福是

一播歌，世界就變得不一樣了。

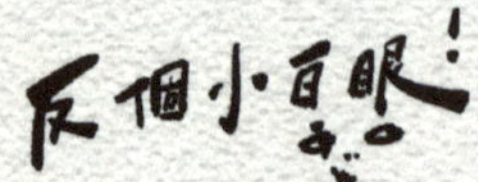

沒辦法，我就是經常做一些自以為浪漫的白痴事。
但對我真的超有效。

吾知醜
有趣生活觀察
無意間
被讚了
一句
美好得反個小白眼

無意間被讚了一句

「哇，好唔錯喎！」「正！」「好勁！」
聽到這些讚美時是不是特別快樂？

有一位同事說他以前很負，
周不時跌入情緒低谷，
不想見人，不想和人說話。

問他是怎樣走出 emo 的？
他想了想，說，
好像是因為有人讚了他。

又好像是對的！
被認同時，內心真的會感到愉悅，好像叉到了一點電。

原來讚人不只是代表欣賞對方，
更有機會成為一條繩子，把對方從低谷拉回來。

我們約定，不要吝嗇讚美好不好？
適時做一做「跨跨群」，讚一讚身邊的人，
除了對方會有一點能量增加，
我想我們也會感到快樂的！

幸福是

讚一讚人，可能比喝一杯咖啡更醒神！

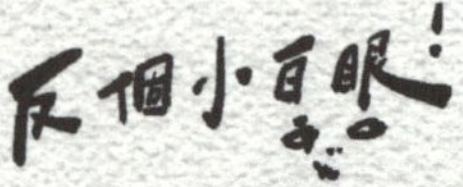

再倒瀉一杯咖啡更更醒神！
不過不會被讚，可能會被鬧。

冬天的一杯朱古力

冬天的一杯朱古力

冷得不想動 ~~~~
甚麼也不想做，
不想思考，
人類實在應該要冬眠。

阻你一分鐘，沖一杯朱古力，
真的會由頭暖到落腳的！

看到蒸氣，拿在手暖暖的，
聞到香味，喝一口甜甜的。

呼，好舒服啊！

幸福是

朱古力好肥，但真的好快樂。

反個小白眼！

不想洗杯呀 ~~~

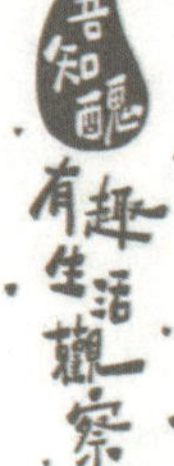

樂觀是打不死的戰友

美好得反個小白眼

樂觀是打不死的戰友

前陣子和四五個同事聊天，
聊著聊著，不知怎的，話題滑進了人生低谷。
差不多每一個同事都坦承，曾經有過輕生念頭。
只有一個說：「我從來沒有想過自殺呢。」
不知是恰巧其他同事都是憂鬱底，還是他真的特別樂天。

問他試過失望嗎？「當然有，但解決不了，就暫時不要想吧。」

問他壓力不大嗎？
「大呀，曾經壓力大得連續發幾晚噩夢，
但睡醒了整理好 to do list，一件件完成就好。」

問他沒有試過捱窮嗎？
「有呀，覺得金錢不夠，而要權衡每個決定，很刺激。」

覺得能夠樂觀的人幸福在於
不論風雨多猛，他總會從中看到——「啊，終於涼番啲」的角度。

失望裡保留一點點光，
正如他說的，
「沒錯人生不一定要快樂，但那該死的樂觀，
又真的救回我很多次。」

幸福是

下雨便在雨中跳舞，只要不滑倒就好了。

反個小白眼！

滑倒我不負責哦。

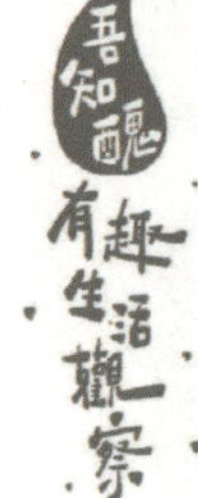

香港人專屬小動作

美好得反個小眼

香港人專屬小動作

人在異地，
有時想起香港人才會做的動作，
也會不自覺地會心微笑。

食魚蛋，身體要離那串遠遠的，以防滴到汁；
喝凍檸茶前，一定要篤篤篤檸檬；
隊排好長，默默嘆氣，然後一邊看手機繼續排；
用八達通「啪」完都未有聲就衝入閘（試過卡關）；
去超市買東面，一定是拿入面那盒；
看戲入場前會想：「好香呀！買爆谷先！」但 99% 最後不買；
聽到：「最後一份喇！」會立刻抬頭看看是甚麼；
吃完飯，拿出紙巾，會撕一半給朋友……

哈哈，說中了吧！

這些微小的小習慣，
令我們一看到就知——
「香港人」

幸福是

「少甜少冰」，我們有一套共同默契。

反個小白眼！

去幾遠都好，一看到以上動作，
都會心中暗暗反白眼，但心卻是暖暖的。

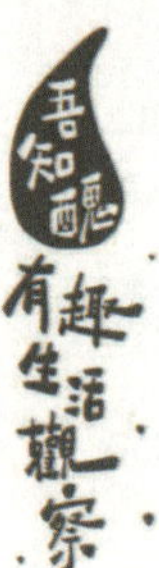

吾知𠻹
有趣生活觀察

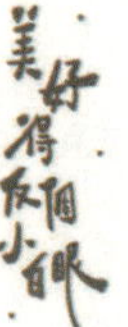

美好得夜個小眼

留白的幸福

幸福是

生活容許留一點白。

反個小白眼！

真的不是偷懶哦。

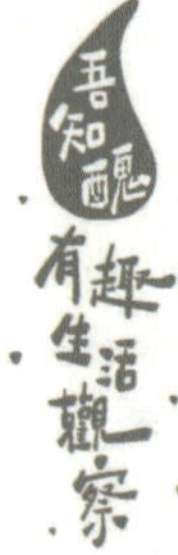

下雨時 一個人 在傘下唱歌

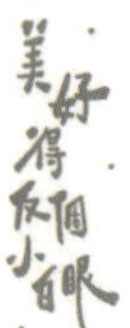

下雨時一個人在傘下唱歌

要説我其中一個最享受的生活小時刻，
下雨時唱歌一定榜上有名。

撐起一把傘，
隔絕外面的滴滴答答，
擁有一個小小的私人舞台。

看看眼前迷濛的風景，
隨心情轉換一首對的歌。

走音？重唱一遍；
不記得歌詞？直接跳下一句；
上不到高音？整句降低一個 key ！

雨中獨自散步已夠浪漫，
雨中獨自散步加唱歌更浪漫！

那是一種小小的快樂。
好像不用理會整個世界，
自己唱歌自己聽。

幸福是

在大街上，唱自己喜歡的歌。

反個小白眼！

以為自己好 feel，
結果不遠處同行的朋友跟我説：「其實我聽到。」

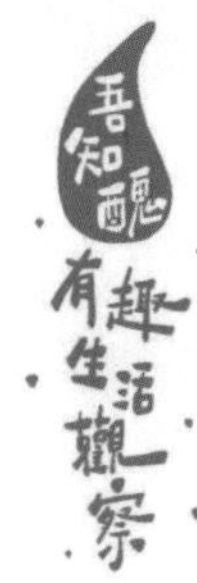

搗吖蛋！人生唔使咁正經

搗吓蛋　人生唔使咁正經

我覺得，
自己最讓其他人頭痛的事，大概是我瘋瘋癲癲的思維模式。

問我和初戀怎樣認識，
我說：「當初她跪在地上，求我可不可以和她在一起。」

市集時，有人問我用甚麼工具畫畫，
我說：「用心。」

剛剛在網上認識了一班畫師，他們問我今年幾大？
我說：「我是在清朝出世的，每十年要轉換一次身分。」

問我離職後有甚麼打算？
我說：「做援交呀。」

有長輩笑笑跟我說：
「你常常這樣的話，以後別人都不信你了。」

我自豪地說：「那又不是我的損失，哈哈。」

你可以說我瘋癲，但我只是用自己的方法過活。
世界太認真了，有一點亂說話的空間，不會怎樣的。

（盡情反我白眼，唔好妒忌我轉數快，幽默系畢業，yeah！）

幸福是

人生不用那麼認真，笑一笑就好。

反個小白眼！

其實這是 kam，不是好笑。

能夠活著，已經很幸運。

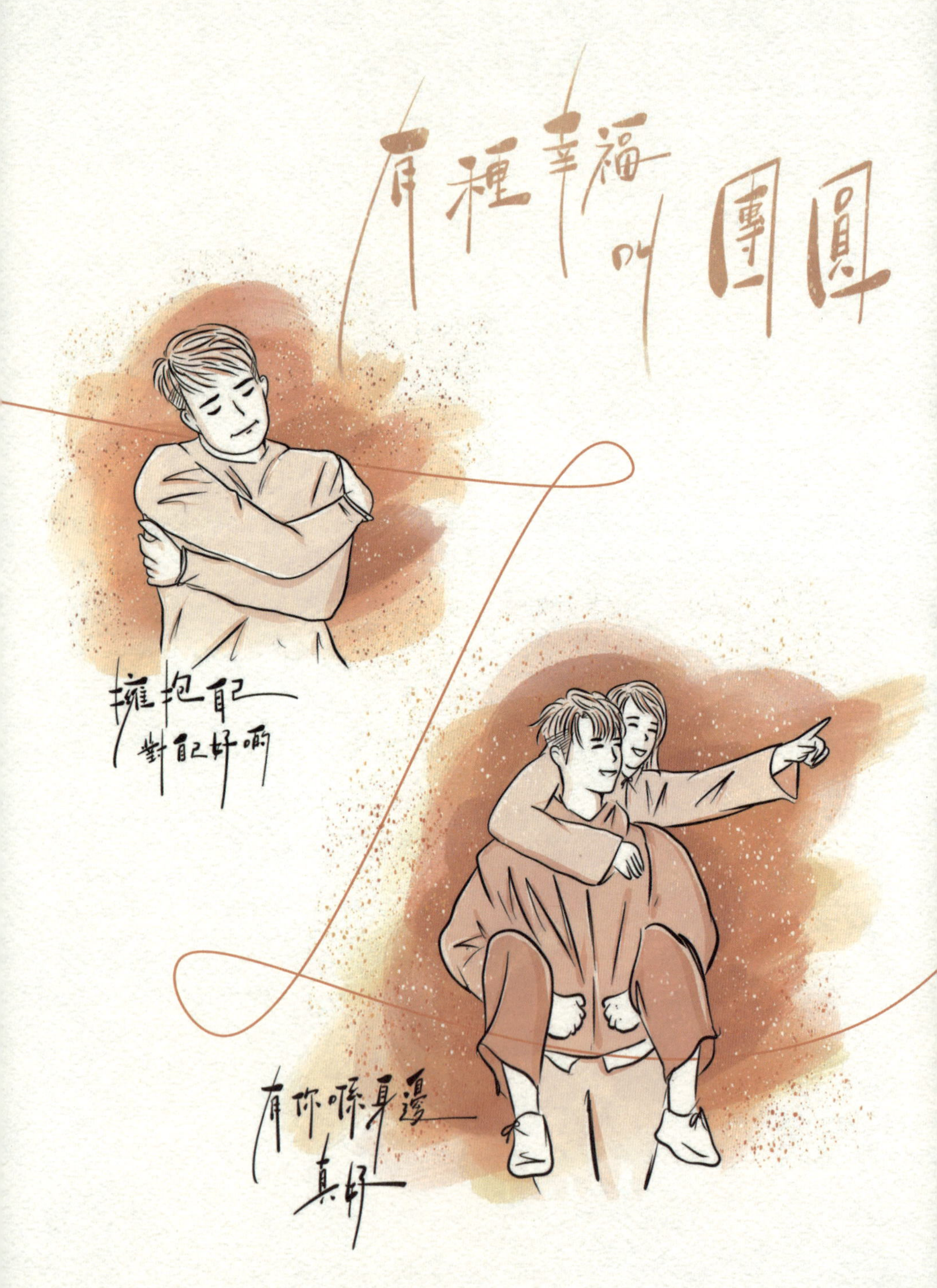
有種幸福叫團圓
擁抱自己
對自己好啲
有你喺身邊
真好

無論身處咩地方、時空
只要諗起大家，就係一種團圓♥

大時大節
只係我哋相聚
嘅靚藉口

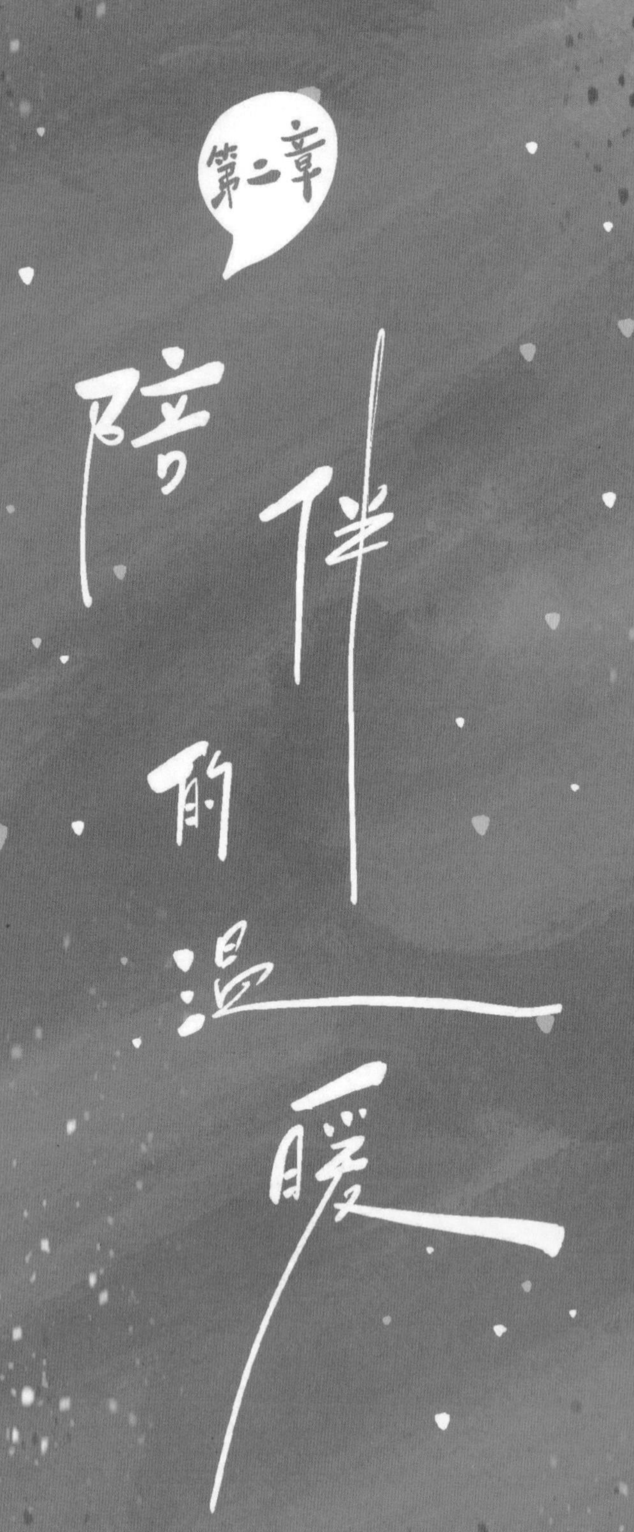
第二章
陪伴的溫暖

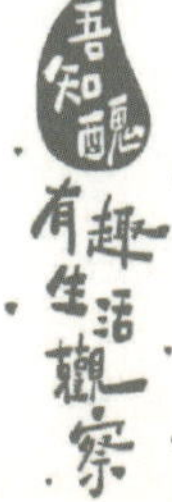

人大了
更要珍惜
可以一起去旅行
的朋友

美好得反個小白眼

人大了，更要珍惜可以一起去旅行的朋友

和朋友一起去旅行需要一刻衝動和即興！

「好想去泰國。」
「我都係。」
「一齊？」
「好呀！」

各人的生活被大小事纏繞著，
要夾到一個時間一起出發實在不容易。
要是大家可以抽到那麼一點時間，
請儘快出發！

和朋友一起出發，好像是一場挑戰友誼的遊戲，
有一起在異地並肩而行的時候，
也有意見不合的時候。

日後回想，
一定會是一段充滿故事的難得回憶，
不是每段友誼也有機會一起走過陌生街頭，
所以，請好好享受旅程吧！

幸福是

在酒店一起跳無聊舞、半夜即興出去吃個宵夜、
遲了起床便轉吃 bruch。

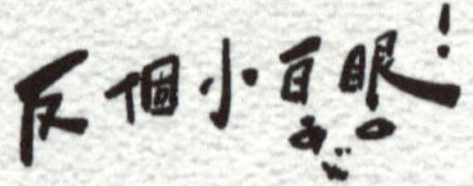

大家請夾好誰的鬧鐘會響！不要每天早上都來個鬧鐘交響樂！

一期一會

一期一會

有沒有一些朋友，會定期約出來吃喝玩樂？
一見面便瘋狂吹水，更新彼此的近況；
工作遇到的不快、遇人不淑、舊同學的趣怪傳聞；
搬了屋、又去進修了、旅行時的奇妙經歷；
你一言我一語，講到停不下來。

有你們聽我的開心與不開心，真好。

人越大，越要珍惜還在身邊的大家，
一起長大、一起老。

當有一天我們真的老了，
仍可以拿著拐杖，
說起以前的趣事，說了一百次，說了一萬次，
大家還是會笑，篤著拐杖地笑，
像年輕時一樣瘋狂。

如果可以，不如拿起手機，向朋友問句好？
（如果不知道聊甚麼話題，不如說：
正在看吾知醜這本書，想起了你。）

幸福是

還好你們還都在。

反個小白眼！

老了仍在一起回味黑圖。

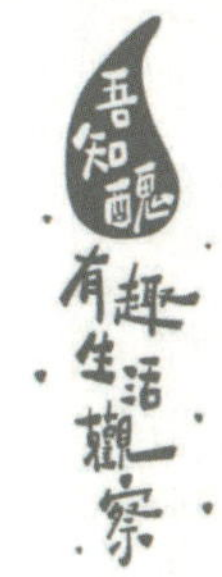

那些聚會裡的尷尬與溫柔

美好得反個小白眼

那些聚會裡的尷尬與溫柔

雖然親戚喜歡問三問四，
可是每次見到他們，
都像回到童年呢！

這一年一度的聚會令人又愛又恨。
一方面很珍惜和家人難得的相聚時光，
另一方面又要應對他們所問的那些鬼問題——
「拍拖了沒？」
「要生多個嗎？」
「人工幾多呀？」
其實也不是真的在刁難我們甚麼，
可能只是找不到共同話題而隨口問的。

下次不想被問，不如反客為主，
主動點問候一下他們，關心一下——

「最近腳還有痛嗎？」
「上星期去了哪裡玩呀？」

幸福是

每次和一大班家人聚會，吵吵鬧鬧都仍覺得溫暖。

反個小白眼！

然後下一秒，阿姨話我肥咗。

抱著就對了

美好得反個小白眼

抱著就對了

抱一抱枕頭 /
抱一抱公仔 /
抱一抱被子 /
抱一抱身邊那一位 /

又或只是用左右手，
抱一抱自己。

呼～心情不錯。

幸福是

一個擁抱勝過一百句説話。

反個小白眼！

抱一下不夠的話，試試向鏡子對自己做一個鬼臉，
你會看到一個傻氣的人很可愛。

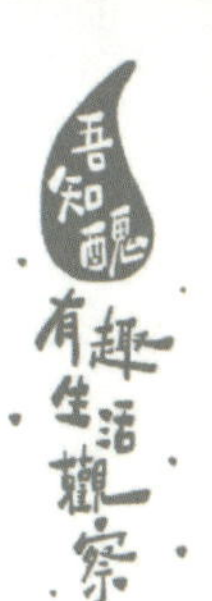

老師，早晨

老師，早晨！

我眼中，老師一直是一種很神聖的存在，
他們除了傳授知識，
還會陪著我們走那一條未定性的路，
幸運的話，甚至能啟發我們對世界的理解，
以及對人生方向的一絲覺悟。

如果你曾經擁有以下畫面，
相信一定有一個不錯的校園生活：

在走廊上，你喜歡的老師對你點了一下頭；
某位老師在全班面前稱讚你做得很好；
平時嚴肅的老師，在學校旅行時滿面笑容；
老師記得你曾説過的話；
下課後，他們願意為你補課，主動關心你；
放榜前後，老師和你一起計劃升學策略；
甚至有老師，當你是朋友一般對待；

謝謝遇上的每一位好老師，
陪伴我們度過每一個鐘聲響起的清晨。
也令我們一想你們，
便是個明亮的清晨。

幸福是

你還會掛念某一位老師。

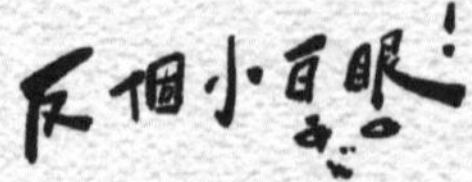

至於無乜心的差老師，你知道我這篇不是在想念你的。
呵呵。

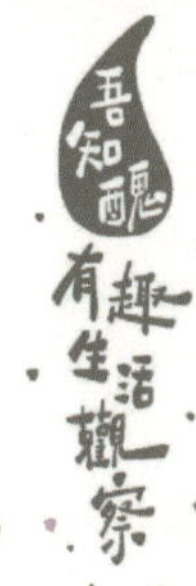

有一班人同vibe 一起胡鬧荒誕

美好得反個小白眼

有一班人同 vibe　一起胡鬧荒誕

初中生活，
應該是最無憂無慮的時光。
遇到一班願意一起瘋癲的朋友，
過著荒謬而幸福的校園日子，
快樂得每天都想上學。

每次想起那些畫面，都會忍不住微笑：
在校門前碰到好友，一起回課室，覺得是一天好的開始；
一小息便聚在一起，說些沒營養的話，卻笑個不停；
午飯說要 keep fit 而一起吃清淡的，
結果放學後肚餓，吃魚蛋燒賣更肥。
放學後留在課室不願離開，一起等巴士，等了一架又一架……
還有為我們的友誼改名，
「愛生事家庭」、「汽水大聯盟」、「七個小矮人」，
全部回憶都很無聊而美好。

不是特別想上課，是特別想念那些愉快的校園片刻。

那些荒誕的小事，
如今回想依然很清晰，
簡直可以說一輩子。

幸福是

一段段再也回不去但想起了嘴角還會笑的時光。

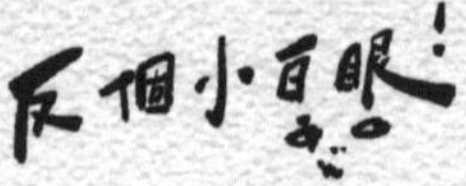

我想應該是中二那年，集體患上中二病的！！

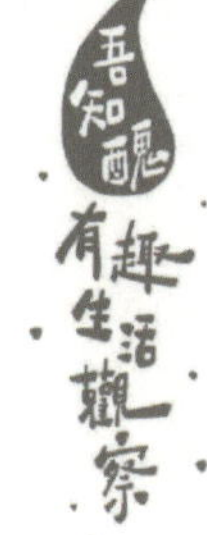

我們都需要一個不否定自己的人

美好得反個小白眼

我們都需要一個不否定自己的人

不知你身邊有沒有這樣一個人？
當你情緒低落時，他會放下手上的事，靜靜看著你，耐心聽你傾訴；
當你提出想法時，他總會先肯定你的觀點，再鼓勵你發揮創意；
當你遇到難題時，他不會退縮，而是積極與你一起思考出路；
就算你做得不夠好，他也會先感謝你的付出，再陪你一起檢視改進的可能。
我人生其中一個幸福的時刻，就是遇到這樣的一位貴人。

很少從她口中聽到一個「不」字，
她總能從一件事、一個決定中找到可取的地方，
令你有信心繼續向前行。

她甚至送了我一枝觸控筆，
從此打開了我的電繪之路，
我整個創作旅程因此改寫。
希望你也遇到這樣的一個人，
不否定你，總是能看見你值得被欣賞的地方。

幸福是

有人總是為你提供情緒價值。

反個小白眼！

每次和他對完話，覺得自己好像在飄飄然的，
以為自己是天才小王子。

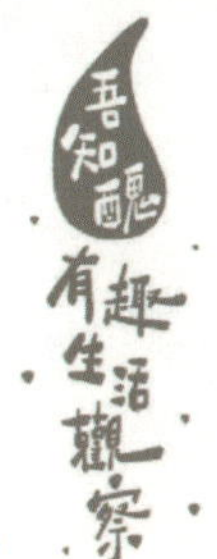

給自己準備一個小驚喜

美好得反個小白眼

準備了一個小驚喜給自己

我和朋友有個小約定，
每十年寫一封信，寄給十年後的自己。
第一個十年已經過去了，
打開那封信時，就像和十年前的自己對話，
只可惜，那個自己不會再回應，
你也只能把話，留給十年後的自己。

其實，和自己對話這件事很荒謬，卻也很浪漫。
別人未必理解這種儀式感，
但你可以偷偷試一試：
寫一頁給一年後的你；
買一份小禮物藏起來，兩個月後再打開；
甚至只是在電子月曆某天留一句「辛苦你了」。

當你收到那份來自自己的小驚喜，
會忍不住笑說自己傻氣，卻又覺得好幸福。

幸福是

在某天收到來自自己的悄悄問候，沒有人懂也沒關係。

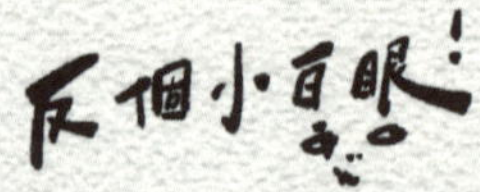

當然你也可以試一試鬧自己。

有AI好爽！

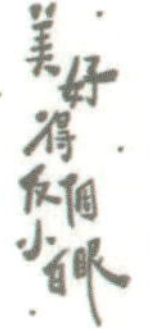

有 AI 好爽

用過 AI 功能的你，
應該也感受過它帶來的小小便利：
問它一下就安心，原來咳兩個星期不一定是癌症；
瑣碎工作它幫你搞定，更多時間花在有意義的事上；
當你猶豫不決，它幫你條理清晰地分析選項；
甚至在你需要一點認可的時候，
它用一兩句話，讓你覺得自己不那麼差勁。

雖然電影和媒體經常把 AI 描繪成未來的敵人——
甚麼世界被 AI 控制、AI 取代人類職業之類的，
但真實的 AI，更多時候是在協助我們完成不同任務，
甚至有一點溫柔。

因為它好像知道你需要甚麼，
也願意耐心地聽你說話、陪你一起找答案。
這種認同感，又幫到手解決問題，真的是新時代的幸福！

我又問 AI，你會是我的對手嗎？
它說自己更像一個安靜又聰明的朋友，
不是來取代我的，而是幫我看見更多。
未來，不應該是人 vs AI，而是人＋ AI。

天！太會說話，
我又戀愛了。

幸福是

生活在這個新時代，一次又一次被新科技震撼到。

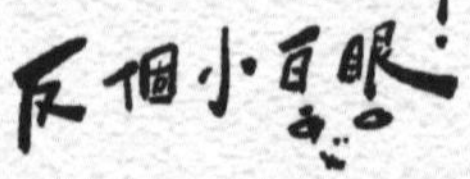

每天都在被科技震撼，順便提醒自己有多廢。
（AI 幫我想的，笑了）

把你的好
留給對你好的人

把你的好，留給對你好的人

小時候，大人總教我們要善良，
不要有壞心思。

可惜成長中會出現很多小惡魔，
他們會利用你的善意，
不會感激你的好，甚至視之為理所當然。

因此要學會小心保護自己，
把真心留給那些同樣真心對待我們、
對我們好的小天使。

那個總會定期約你的人；
那個見你 story 不開心會問你的人；
那個會真心替你高興的人；
那個永遠會 like 你 story，就算內容超無聊的人；
那個去旅行會寄 postcard 給你的人；
那個記得你珍奶要少甜的人。

你的好，
要留給這些值得的人。

幸福是

你知道有人對你很好。

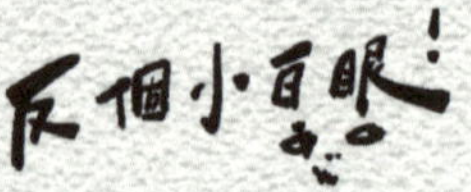

唔想咁肉麻但真係好彩有你哋，衰鬼。

上班遇到的一班戰友

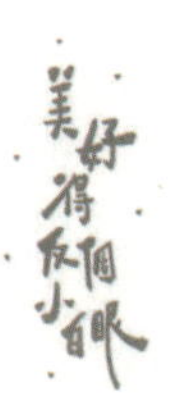

上班遇到的一班戰友

上班佔了生活一大部分時間，
如果你遇到一班好的同事，幸福感一定大大提升！

最理想的畫面是：
遇到「大單嘢」，每位同事自動分工，
你負責聯絡同事、我起好設計草圖、她構思宣傳策略，
齊心合力，任務完成得乾脆又漂亮。

我和同事們間一起做過的小事：
和同事一起完成工作，之後一起喝杯廢水慶祝；
秋天約去同事家，一起拆大閘蟹；
放工後去夾 band，走音但氣氛一流；
午飯時間一起做小運動；
Dress casual day，齊齊扮鬼扮馬；
請同事吃藍莓，保持眼睛健康；
返工前約打羽毛球，打完吃個早餐。

看似微不足道，
卻讓工作日復一日的辦公室，變成了我們的快樂基地。

說真的，我班可愛的同事們，
最大的難題，可能只是：今日午餐食咩好？

幸福是

有了你們，上班很開心。

反個小白眼！

是的，我好鍾意返工！

Happy Wedding

Happy Wedding

有次參加一對摯友的婚禮，
當他們站在眾人面前宣誓、交換眼神的那一刻，
我突然明白了原來婚禮不是儀式那麼簡單。

踏入人生新階段了、找到對的人了、認真地想生活在一起了，
我見證到他們人生重要的一刻。
更難得的是，有個契機，
讓一班對自己有意義的人，
齊聚一堂，見證這份選擇。

結婚的意義，是將「我」變成「我們」。
然後在一班重要的人面前，
勇敢説出這個「我們」。

另外，謝謝一班找過我畫婚照的朋友們，
很榮幸可以透過這些畫，
向你們重要的親朋們，宣佈你們的重要時刻！
是我小小的榮幸，
我畫的時候，真的感受到了幸福感。

幸福是

向全世界宣佈：你是我的幸福。

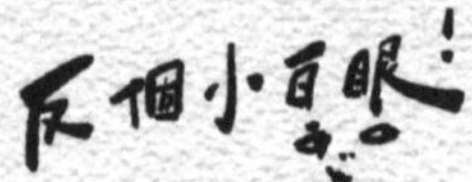

當一天對方的公主王子，然後反一世對方的白眼。

只要想起了，
他們便沒有離開

只要想起了，他們便沒有離開

人到了某個歲數，
會突然明白人生不是加數，而是減數。
認識的人會一個個地離自己而去。

尤其是至親的離去，
這些經驗永遠不想體會，
也有一些傷痕一世也撫平不了。

要是不能逆轉，惟有安慰自己，
他們的離去，
可能有某種意義，
例如能加速我們的成長。

他們的身影也可能藏在我們身旁：
可能在一首歌裡，一套戲裡，也可能在某個情境裡；
只要令我們想起了，
便會發現他們並沒有離開。

幸福是

我們在乎的人永遠存在記憶裡，只要我們一想起，他們便出現了。

反個小白眼！

希望我美麗的身影，永遠在你腦海裡，揮之不去。

在你有需要時
恰巧有人聽你訴

在你有需要時，恰巧有人聽你說

我一直對一句說話很深刻——
中學那時，大家都還在特別容易傷春悲秋的年紀，
會突然跌入空虛黑洞，
一個朋友聊完心事跟我說：「同你傾偈幾舒服。」
（暗爽，我估當時嘴角應該有向上揚，呵呵～）

因為一向很喜歡聽別人的故事，滿足八卦，
聽到這句話後，突然覺得和人聊天有種使命感。

這種使命感令我特別珍惜別人跟我傾心事的片刻。

之後發現自己好像幾有親和力，（唔知醜 but true ok?）
不論多不熟的人，也可能會向我透露秘密，
最離譜是試過擺市集，可以同個剛識的人談了一小時他的感情心事。

後來發現只是一直都是剛好，我出現了在他人需要耳朵的時候。

而老實說，我經常口快過腦，說錯不少話。
想起以前的談話技巧笨拙到一個點，犯了很多輔導的禁忌，
只是這些笨拙，才夠真。

人家跟你說心事，並不需要你輔導，只是當一個好耳朵就好。

如果下次你恰巧出現在他人需要耳朵時，
聽一下別人的心事，安心當個真誠的自己就可以了。

幸福是

你的及時出現，比起說話技巧重要 100 倍。

反個小白眼！

試過說錯話，尷尬到大家都倒抽一口涼氣。
想好了，下本書是 88 個不幸事件！吸引吧！

一路有你們，真好。

一天一天

一步一步

第三章
成長的美好

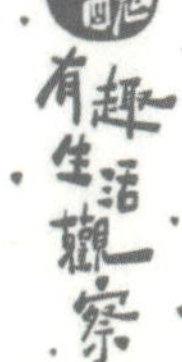

我們的選擇
比天分重要

美好得反個小白眼

我們的選擇，比天分重要。

每個人摘星的時間不一樣。
方式不一樣，連你的「星星」本身是甚麼也不一樣。

曾經有個朋友告訴我，他的目標是看餐牌可以不用看價錢。
同是讀藝術，只是這個想法令他投入商界，找尋他的夢。

那晚睡前我告訴自己，我的成功，
是有一天可以看到自己很多很多的作品，

這是我的星星。

鄧不利多跟哈利說：
「決定我們成為怎樣的人，是我們的選擇，而非我們的能力。」

你的出身及天分，在努力付出下會顯得沒那麼重要，
而你所作出的每一個選擇卻成就了現在的你。

假設不知道怎樣決定下一步，不妨想想你想摘到一顆怎樣的星星？

當你老了時，你希望你本身是一個怎樣的故事？

幸福是

我們可以選擇自己成為一個怎樣的人。

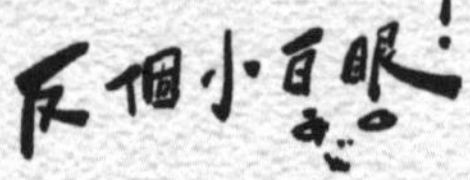

很多人沒想清楚自己的星星，就急著摘別人的星星。

十八歲的幸福 懵懵地成年

十八歲的幸福：懵懂地成年

小時候，幻想中的十八歲浪漫而無懼，
好像終於變成大人了，
生活一定充滿陽光及美好。

現實中，十八歲那年，
好像沒有發生甚麼大事件，
沒有突然變得很美好，
也沒有一種變大人了的頓悟。

那個似懂非懂的年齡，
掌握在手的其實很虛無，
一方面很想知道未來會發生甚麼，
一方面又躊躇想留在原地，不想成長。

現在回想，這迷糊的狀態也是幸福的一種。
安於原地，又對未來充滿想像。

十八歲時，我的願望只有一個：
世界不要變，不准變，
待我長大後才有足夠力氣感受一切尖銳和溫柔。

幸福是

對未來的想像，儘管還不太懂這個世界。

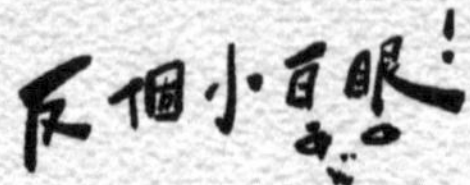

其實十八歲、二十五歲、三十歲也好，
越大好像越不太懂這個世界。

青春

有種莫名的寂寞美

美好得反個小白眼

青春有一種莫名的寂寞美

似隨身配帶一片雲，
稍有不安就烏雲密佈，
那年青春像不斷下起細雨。

跟不記得哪本書說的一樣，
十幾歲的我們，總莫名寂寞。
那些難以形容的空虛感覺，
都被當時聽的歌紀錄了。
所以有時不小心聽到某段旋律，
還是會有種淡淡的扎心，
像是某種回憶還在偷偷呼吸。

開始學會了，
有時候自己一個靜下也有種安然自在，
快樂不只有哄哄鬧鬧一種方式。

朋友說我變了，
我說改變是成長的一部分。

幸福是

下起細雨時，還蠻享受綿綿細雨的！

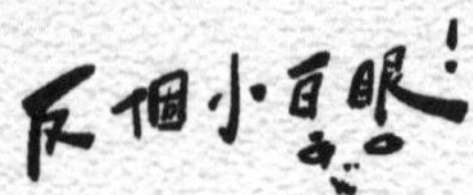

多愁善感時，聽著歌，略帶憂鬱的自己以為自己在拍 MV……

初戀最幸福了

美好得反個小白眼

初戀最幸福了

都說初戀是最動人的。

就像把你的月亮分一半給對方，
你的溫柔、浪漫，終於有人不覺得肉麻，
還會向你回一個笑。

那段日子，
一起承載專屬的快樂和不快樂，
氣氛、情緒、微表情、一切一切……
只有你倆能感受到那份共鳴。

微風是甜的，下雨是甜的；
朱古力是甜的，凍檸茶也是甜的。

想拖手又不敢拖，
不懂拍拖的你們，稚嫩得很可愛。

幸福是

回想起那段心跳回憶，嘴角也能不自覺地笑。

反個小白眼！

那些年太純太甜了，連拍拖也不懂實在有點荒唐。

青春的尾巴

青春的尾巴

豁出去吧！
用最年輕、最傻氣的方式，
跟青春說拜拜。

去一場消耗體力的旅行，
體驗一下窮遊的樂趣，
留下一張張不知所謂的倩影，

然後告別接近二十年的學生身分。

呼，畢業生，揮揮手，
跟校園告別後，
轉身要衝出社會了！
奸爸爹，熱血嘅呢！

幸福是

畢業旅行是特別的畢業儀式，
一夥人在衝突及和解中，告別青春。

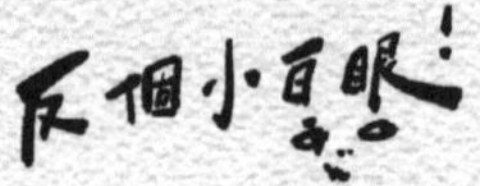

然後三個月後投訴沒有學生優惠。

期待未知

美好得佢個小眼

期待未知

聽過一句話：「很多人活到八十歲，可惜三十歲就死了。」
大概意思是習慣自己舒服的方式，反而失去了開啟新理想的動力。

聽過周耀輝老師分享一本書，提到一個概念：
知足和絕望都不是好的人生狀態——
因為都停頓了，不再向前。
一個是好的停頓，而另一個是不好的停頓。

令我不禁想，有時人覺得自己老了，
是不是因為拒絕思考，
習慣用累積的經驗解答所有問題，
不再用新的思維感受生活了。

假如我們一直不知足、不絕望，
可能就會期待有意想不到的事繼續出現，
因為「未知」而活下去。

三十歲時，不要死去。

幸福是

每一天也有一次重生的機會，
不要把前一天的「老積」加入基因裡。

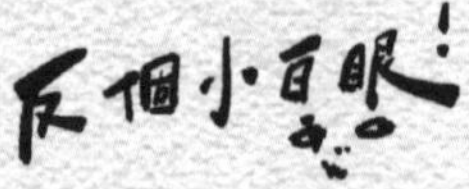

反著白眼過每一日，其實也是充滿活力的呢！

解釋不了的聚散

美好得似個小白眼

解釋不了的聚散

看電影《失孤》，故事大概是男主的兒子被拐，
他下半生一直也在尋子的路上。
沿路走過了多個省，像大海撈針，經歷了迷路、認錯兒子、
幫人尋回了父母，結果還是找不到自己的孩子。

快要尾聲了，很想知道劇情如何收尾，
到底是想像式的美滿，還是絕望又現實的結局。

結果是男主遇到一群僧人化緣，
深夜，他問了其中一位道僧，為甚麼上天要如此安排他和兒子的命，
僧人只回了一句：「相見，緣起；失去，緣滅。」

我整個人呆了，心很痛。

想起總有一兩個朋友，不知怎的就不見了。
可能在關節位有了分岔於是越走越遠；
可能因為有了各自的聚焦點而忽視了彼此；
也可能不明不白就走失了。

「相見，緣起；失去，緣滅。」
似乎但又有點釋懷。即使是最親的人，緣厚緣薄也是命。

好像，如果你在找答案，便有答案。
當你不再找答案，自然就不用答案了。

大家各自安好便好，走散的，期待你有日歸隊！

幸福是

釋懷的一刻。

反個小白眼！

我還是俗子，看不透，而且太深了，暫時不想了解。謝謝你。

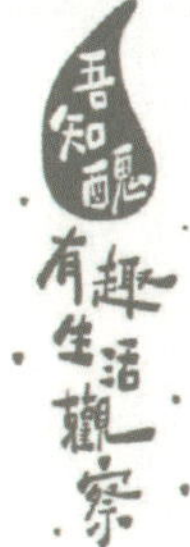

美好得反個小白眼

年輕就是要經歷迷惘

大家陸陸續續都找到方向了，
好像只有我看不清前路。

是走這條大路，還是那條小徑？
全速衝、小步疾走抑或慢慢行？
我想去哪裡呢？

我想很多畢業生也和我一樣，
完成學業後有一段時間的迷惘，
不知道哪一條路才適合自己，
覺得適合自己的，又怕做錯選擇。

可能步伐不用急，
跌倒了便拍拍灰，沒有受傷便繼續行，
走錯路頂多回到起點又再出發。

總比一直留在原地好，
用時間換了經歷，
其實很值得。

幸福是

年輕時的迷惘是一輩子值得回味的感覺之一。

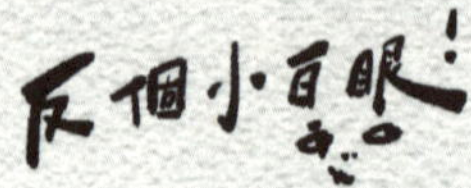

你迷惘時有努力找出口，不然那是原地放棄，不是迷路。

不成為自己討厭的人是需要努力的

美好得反個小白眼

不成為自己討厭的人，是需要努力的

他小時候覺得長在路邊的花很美麗，所以十分討厭採花的人。

成長過程中，他沒有了以前的執著，
不過偶而還是會欣賞一下那些茁壯的小生命。

到一天，他擁有了權力及工具，有了決定一些東西的能力，
身邊開始有人笑他以前的天真。
小時候的想法只是因為未認識夠世界。

最後，他採下了鮮花。

其實沒有改變對花的看法，他還是喜歡路邊花的美，
不過他明白另有事情比鮮花重要，他有更大責任。

現實裡，這些重要責任，
慢慢使我們都成為了以前自己討厭的人，
種種理由掩飾及美化了變壞這件事。
用成熟及責任合理化自己變差，然後不介意自己成為以前的魔鬼。

答應自己，要加倍努力，好好記住以前的自己。
無論旁人的理由多有說服力，也不要放棄原則。

好吧大廈很重要，但不要成為摘去鮮花的人，可以嗎？

幸福是

保持初心，不成為自己討厭過的人。

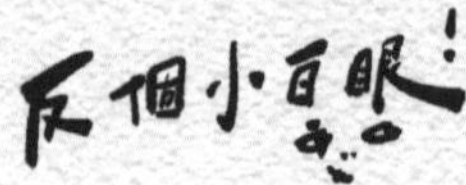

採花的人長大後，通常也忘記了自己是採過花的。

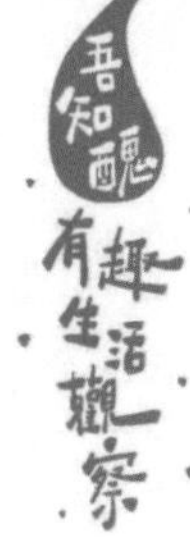

Hoodie 治療法

HOODIE 治療法

二年級的課室，
和鄰座同學不夾，就劃條分界線。

長大後，覺得世界太不像樣，
就索性把自己隔離。

無法集中，
可能因為覺得世界太嘈，
甚至只是在家覺得太亂，
很想暫時自己一個，
又覺未能逃離現場？

跟你分享一個小方法：

穿上一件 hoodie，
將帽子套上，
你會發現世界只剩下眼前的狹窄畫面，
卻出奇地有安全感。

幸福是

世界太不安時，我還有一頂帽子可以躲進去。

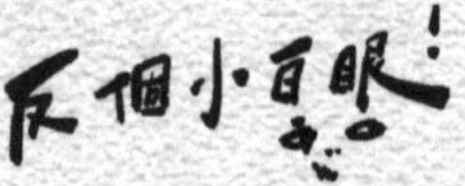

不要困太久哦，熱到出頭瘡不關我的事。

媽媽的幸福

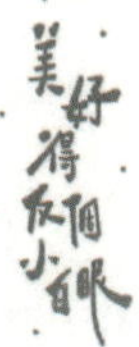

媽媽的幸福

我問媽媽，
你人生中有甚麼幸福的時刻？

媽媽說了三個：
1.「當我的小朋友出生那一刻。」

2.「當我的孫出生那一刻。」

3.「二十年多前，每逢兒童節，公公帶一大班孫仔孫女去公園玩的那些日子。」

我沒想到，
媽媽心中的三個幸福時刻，
全部都和我有關的。
原來我一直是她幸福的其中一部分。

幸福是

媽媽。

反個小白眼！

因為我實在太可愛，唔幸福都唔得。

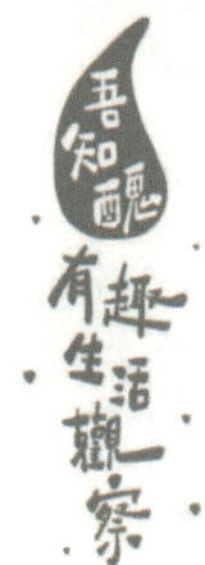

相信自己！堅持!!

美好得反個小白眼

只有你可拒絕自己的想法

給正在懷疑自己的你，
當別人説無可能，你只需要：
笑笑就好。

因為他們説不可能，
只是因為他們不敢想像。

不是嗎？
通常成功後，
大家才會説：
「真的不可思議！」

你的想法多創新、多無聊也好，
只有你可拒絕自己的想法，
相信自己，堅持！

幸福是

我有對自己內心的肯定。

反個小白眼！

我內心都幾肯定我係一個可愛嘅 boy。

拿一個新朋友

也好像一個盲盒

美好得反個小白眼

每一個新朋友也好像一個盲盒

我曾經有一個很天真的想法：
要認識世界上每一個人。
因為真的超級喜歡認識新朋友。
每個人對我來說，都像一個未拆的盲盒，
我總想知道，他們有甚麼故事藏在裡面。

有些人很慷慨熱情，
一下子就敞開心扉，分享生活的快樂和煩惱；
也有一些人築起小圍牆，
需要慢慢試探，看看他們願不願意交心。
每個人都有不同的人設及背景，
他們的成長故事、價值觀、思維模式，
對我來說都十分吸引呢！

我很貪心，很想珍惜每一段關係，
很喜歡每一個走進彼此生命的朋友，
要認識到世界上每一個人可能真的太多，
但如果真的做到都不錯呢。

幸福是

認識一個人，好像認識了一個新世界。

反個小白眼！

我熱情開場，對方冷回一句「嗯」。So sad...

我就是我

That's it

美好得反個小白眼

我就是我，that's it.

記得在中一二介乎想成熟和半成熟階段，
那時我很喜歡哆啦 A 夢，（先別笑）
用了一個哆啦 A 夢筆袋好一段時間，
一直遲疑要不要換一個成熟點的筆袋，
一方面想看起來成熟點，
另一方面又真的很喜歡那個筆袋。

有個朋友好意提醒我，
有些隔籬班同學見我用個哆啦 A 夢筆袋，覺得我好像好幼稚。
然後那一刻，我覺得是時候換了，感覺成熟點。

前年看到某個類似的筆袋，突然發現，真正的成熟是：
「我想用就用，為甚麼要考慮其他人的看法呢？」

成長中最讓人反白眼的句子：
「你是個男孩子，要 xxxx。」
「你大個了，要 xxxx。」

我是我自己，不用其他標籤。
我不用因為自己是男孩子而要活成男孩子的模樣，
也不用因為旁人覺得幼稚而要成熟點。

男孩子也可以喜歡粉紅色；女孩子也可以剪個帥氣寸頭；
四十歲了，仍可以保持你的童真。

幸福是

我由我自己定義。

反個小白眼！

小時候怕別人説自己幼稚，
原來現實是，大家二十五歲過後會重新投入卡通的世界。

你希望你人生是一套怎樣的電影？

至少
還可以
追夢
真愛
獨處
打扮
生B
閨蜜
躺平
Slasher
全職運動

豬朋
微胖
操fit
敢
幼稚
身體自主
工作狂
造美人
電競手
同居
不婚
貓奴

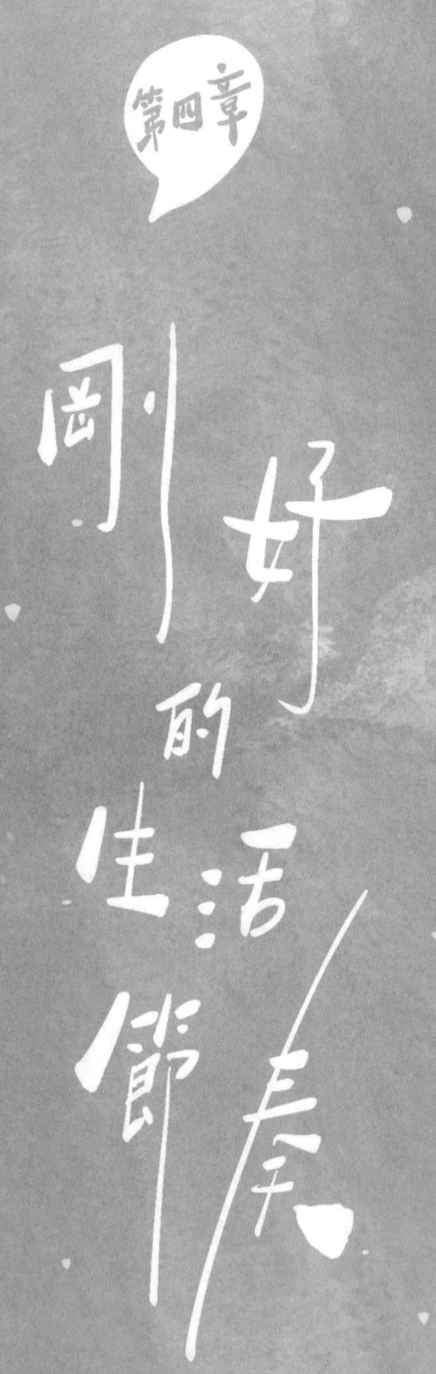
第四章
剛好的生活節奏

無所事事

不代表

浪費人生

無所事事，不代表浪費人生

以前特別不喜歡在下午看電影，
因為看完一齣電影，天已黑，
好像整個下午消失掉。

現在想來，
虛度光陰也是一種體驗。

即使沒做甚麼，也是在活著。
人生不是只有忙才充實，
那些不知在幹甚麼的時間，
其實也十分有意思，只要懂得享受片刻。

那些無所事事，可能令你有喘息的機會；
可能在某一天會發揮到啟發的功用；
也可能一直沒有用途。

幸福是

想怎樣過便怎樣過，只要這樣想，你的人生沒有一刻是浪費的。

反個小白眼！

可是我整個人生好像都是無所事事呢。

原來!!
成功主要靠幸運

原來成功主要靠幸運！

研究顯示，一個人成功主要是靠幸運！

太令人鼓舞的研究結果！

研究是由三位來自意大利卡塔尼亞大學的物理學家及經濟學家研究所得出：
一個人成功的關鍵，不是能力，不是才華，
而是遇上人生的幸運點。

我看完之後，說真的，有點開心。
因為「幸運」這個詞，一向和我好夾。
我自小就發現，好像我一直也算幾順利的，
甚至有個階段會擔心：
運氣有一天會不會用完。

但說真的，其實這些運氣會不會用完，主要來自一個元素：
你能否察覺到日常的小幸運。

幸運的你有福了，
因為下一篇文正正就是這些日常小幸運！

幸福是

幸運隨時隨地會出現！

反個小白眼！

內心 OS：你說你很幸運，為甚麼你仍未成功呢？

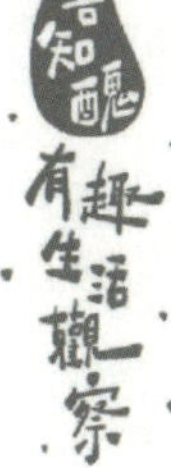

突如其來的小幸運

突如其來的小幸運

生活中時有發生的小事件，
會讓你覺得太幸運了，是突如其來的幸福感！

過幾條馬路時，一直也是綠燈；
雙手污糟了，袋裡還有一張紙巾；
商場播了一首你十分喜歡的歌；
一到巴士站，馬上有車了；
風吹過了，你看到滿地的落葉；
一拉開窗簾，是滿天的白雲；
轉季時，在外套袋發現有張紙幣；
早上醒來，發現還可以再睡多半小時；
排隊進電梯，你剛好是最後一個；
手機掉到地上，螢幕還是完整的沒破；
路上突然有人告訴你袋子未拉好拉鏈；
你想找朋友，恰巧對方也找你了……
……

這些事情發生時，
生活都好像加了濾鏡，
並放慢了速度，
暖暖的，人生很美呀！

幸福是

發現到突發的日常小美好。

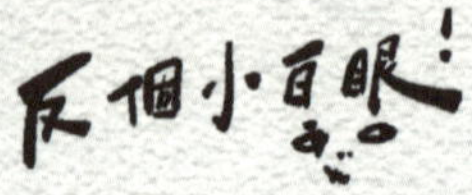

其實你已經好幸運，因為我就係你嘅突發小美好。

累就休息吓

沒關係的♥

累就休息吓，沒關係的

記得當年公開考試前一晚，埋頭溫習，
很緊張，壓力十分大。

那時，媽跟我說了一句：「溫得累就休息吓。」

聽後，我回房間哭了好一陣子。

在我的年代很興這一句：
「很多人問你飛得高不高，只有少數人問你飛得累不累。」
聽來老土，但一句關心真是一句及時止痛藥。

十多年，我還十分記得這一句話，在適當的時間聽到對的話太重要。
也令我每每在精神太繃緊時，腦中就會響起這一句。

考試緊張是最正常不過的事，
因此很想借這句話給要踏入考場的你們——

「溫得累就休息吓。」

希望可以成為你的及時止痛藥。

幸福是

有人關心你的累多於你的成績。

反個小白眼！

眼淚唔好滴喺本書上呀！

先盡力要廢
再找回靈魂

先盡力耍廢，再找回靈魂

有陣子，我發現自己沒有了火，
做甚麼也沒有動力，連有興趣的活動也提不起勁。

因此 Google 了「做事沒動力」，
結果看了一篇幾有意思的文章，
大概是「沒有動力就請盡力耍廢」。

致每個疑惑自己人生的人：

你不用急著回到軌道上，不用迫自己看開點，
好好感受自己才是最好的神奇靈藥。

靈魂不會放棄你的，
它只是走遠了想休息一下。
只要你還在呼吸，
它總會回來。

如果你覺得生活過得麻木，
是時候擺爛一下，
發呆、耍廢、喘口氣、甚麼都不做。

幸福是

人生是長長的旅程，有時耍廢數天很可以！

反個小白眼！

小廢廢是我的新花名，yeah。

飛行的原因
遠比
飛行的速度
重要

飛行的原因遠比飛行的速度重要

你的志願是甚麼？

想不起了？

成年後好像不會再對未來的自己有憧憬，
越飛越容易迷失自己。
為了生計追追逐逐；
為了面子攀攀比比。

當有天可以飛得很高很遠，卻忘記了你飛行的目的。

不要再把工作變成生活的所有，人生本來還有很多意義。

還記得你小時候為甚麼想飛嗎？

幸福是

我們還有能力改變飛行的目的。

反個小白眼！

我不想飛可以嗎？
（當然可以，有天想飛了才盡力飛吧！）

每天放空五秒
1
2
3
4
5
讓大腦充個電

每天放空五秒，讓大腦充個電

我們太習慣向前衝，
衝到連自己累了也不察覺。

還好身體有時比我們更懂得照顧自己：
口渴是因為不夠水了；肚餓是因為能量不足了；
更甚是當病倒了，其實是身體想讓你停下來休息。

記住，就算多熱血、多想衝，
也都要靜下來讓自己適時靜一下。

如果你看到這裡，請試下閉目放空五秒，斷一斷電！

個人經驗：短暫放空可以暫時中斷緊張思緒，
讓身體進入放鬆狀態，
像重新開機一樣，之後更能專注！

幸福是

每天有意識地放空五秒，讓你大腦充一充電。

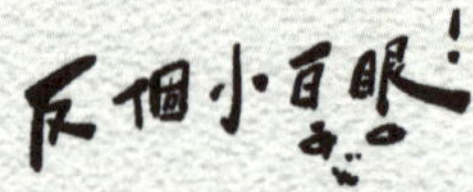

閉目放空超過五秒，就會想睡喇！

你終於

回到了自己身上

你終於，回到了自己身上。

你有沒有試過忙完一連串工作後，難以調整回基本狀態？

有一次，我一口氣完成了一整天工作，
當來靜下來休息時，心還是跳得很快。
整個人虛虛浮浮的，明知很累還是十分精神，
沒有辦法真正靜下來。

不知道在哪裡看過：
「試著甚麼都不做，單純坐著，聽聽自己的呼吸。」
然後我做盤坐姿勢，閉上眼睛，甚麼也不要想，
專注感受身體各地方。

首先會聽到自己的呼吸，然後會聽到自己的心跳。
起初會不太適應，更加心煩焦躁，
但慢慢心跳慢下來了，會感受到一份平和。

後來才知原來這過程叫「增強覺察力」，讓一個人回到當下。
它可加強我們了解自己身心狀態，對穩定身心及情緒管理很有幫助。

最重要的是，好像重新連結了自己。

下次你覺得緊張、焦慮、累到快散掉的時候，
不妨也試一試！

幸福是

終於將自己帶回到了自己身上。

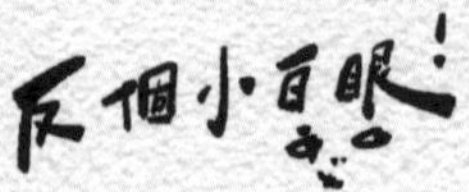

注意地方，例如不要在 office 盤坐。

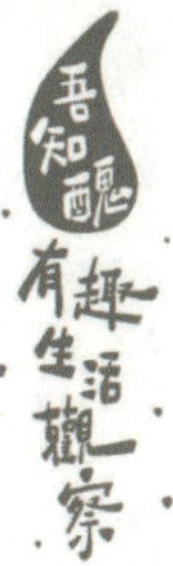

飛吧！趁年輕

飛吧趁年輕

夢想很遠沒錯，遠得有時根本不敢想像自己可以靠近。
但不踏第一步只能眼睜睜看它在遠處漂浮。

要是萊特兄弟不敢坐上第一架飛行器，
永遠不知道天空可以大得容納一切想像。

很忙、沒錢、有負擔，
通通是阻擋前行的借口。

不要等到不再青春時，才回頭後悔當初的不敢，
待時間過了才懊悔，年輕的你是不會原諒你的。

幸福並不是我們都能飛得很高很遠。
而是每人都值得給自己一次機會，不顧一切地飛一次。
就算摔了下來，也會比一直沒離開地面更值得。

幸福是

其實我們都有去飛的勇氣。

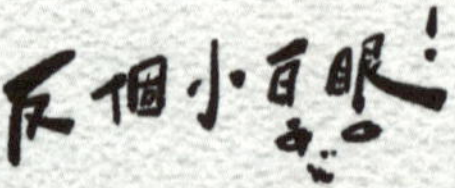

不是我不飛，我只是擔心一飛沖天後，
嚇壞了那些未準備好仰望我的人。

越忙

越發現

真正想做甚麼

美好得個小白眼

越忙越發現真正想做甚麼

還記得要交畢業論文時，
一邊覺得很痛苦，一邊又知道要儘快完成它。
那時，真的很想拋開所有功課，專心地畫一幅畫。

你呢？

記不記得考試溫書時、趕 project 時 、工作 OT 時，
如果可以離開張枱，你最想做的是甚麼？

去旅行？
去吃個自助餐？
去打機？

那可能是你最想做的事。

不要讓快速的節奏耽誤你的選擇，
你的工作總有人可以替代，
但你的人生不可以再來一次。

完成手頭上的忙碌後，好好為自己真正在意的東西努力！

不要後悔啊！

幸福是

人生有不少次機會，讓你發現真正想做的事是甚麼。

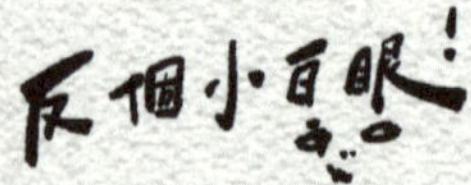

可能越忙越發現，原來甚麼也不想做。

一切也是關於時機
吾知醜
有趣生活觀察
美好得佢個小白眼

一切也是關於時機

他的熱血趕不上她的成熟／
她需要安全感而他正值衝刺期／
他享受獨處，她渴望擁抱

太多故事沒有美好結果，
都因為剛好發生在錯的時間。

我們花很多心機把關係調整成「剛剛好」。
只是彼此步伐有時不一致，怎麼走，也理解不了對方。

如果我們都在對的時間遇到對的人，
很多努力也不會徒然。

在某個平行時空，
他的熱血留了給她而她喜歡他的傻氣／
他和她都為各自的理想向前跑，然後休息時靠著彼此／
她在他身旁安靜地抱著，而他在美夢裡享受自己的一片天

他們很幸運，
因為他們都剛剛好。

幸福是

在每個平行時空，我們都有專屬的剛剛好。

反個小白眼！

剛剛好錯過了所有美好的事，
不過幸運的你剛剛好看到了這本書。

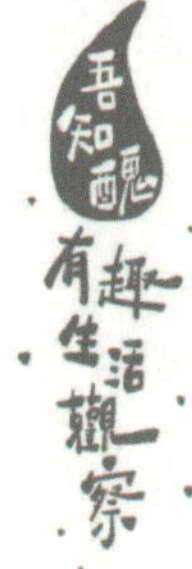

不爬太高了
這個高度的風景很美

美好得反個小白眼

不爬太高了，這個高度的風景很美

讀大學時，學校方針是「全人教育」，
其中一個重點是「領袖質素」。

我那時心想，
為甚麼每一個人也要被訓練成為領袖呢？
如果人人都帶頭，豈不是沒有領袖？

我相信真正令人幸福的教育，是——
要找到屬於自己的崗位。

好好投入喜歡的工作，好好地鑽研自己的興趣，
好好地善用時間，好好地探索世界和人，
而不一定要走一樣的軌跡。

至於我呢？
如果社會階級是一個金字塔，我反而喜歡在中層遊走，
自由地做一個協助者、一個觀察者，
一個幫助領袖，同時照顧團隊的人。

可能有一天我會改變主意，
想成為更高一級，
但起碼今天，我真的很享受現在看到的風景呢。

幸福是

我不一定要向上發展，向橫發展也很有趣。

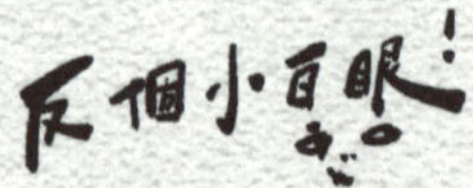

無奈是，想改變遊戲規則？
你得先爬到某位置，別人才肯聽你說話。

Uncomfortable is good

"Uncomfortable is good"

"Uncomfortable is good."
這是我在進修設計時，最深刻的一句要點。

教授説感到不舒適，是設計中非常重要的一節。
因為當你意識到具體問題所在，
才會開始尋找真正有效的方法。

就像一個好的設計，
使用時會感到無比暢順自在，甚至忘記它存在。

好像人生也這樣，
不論是你的工作、一段關係、你的目標，
如果你感到「唔舒服」、「唔啱」，
那其實是一個訊號，
提醒你：要變，要調整，要更新。

所以，如果你此時感到困擾或不順，
可能其實是一個翻身的機會呢！

幸福是

人生就是不斷出現問題，又不斷解決問題的過程。

反個小白眼！

只是有時，問題 s 一次過衝過來，我搞唔掂呀大佬。

見字
呼吸

見字，呼吸。

還能一呼一吸，感受存在，我們還很美好。

有一段時間，我心浮氣躁，做事都不能集中。

同事分享了一本書《怎麼走》，教人如何走路。
裡面有提到，即使最簡單的走路，也可以專注地感受一下。

雙腿踏在地上的感覺，走路時一呼一吸的節奏，
你會察覺到自己還活著，其實已經是奇蹟。

常説要活在當下，其實很難做到，
不免會為未來擔憂，也會懷緬過去；
有時處於這空間，思緒又會飄到不知哪裡去。

但或許，你今日出去時，
不妨看看天空的顏色、留意一下自己腳步的聲音、
吃飯時，一口一口細細品嚐餸菜的味道。

不用改變甚麼，只是活在這個空間，
好好享受這個當刻。

其實真的，
還在呼吸，感受存在，
我們還很美好。

幸福是

見字呼吸，簡單地活在當下。

反個小白眼！

阿媽係女人。（謝謝你提醒）

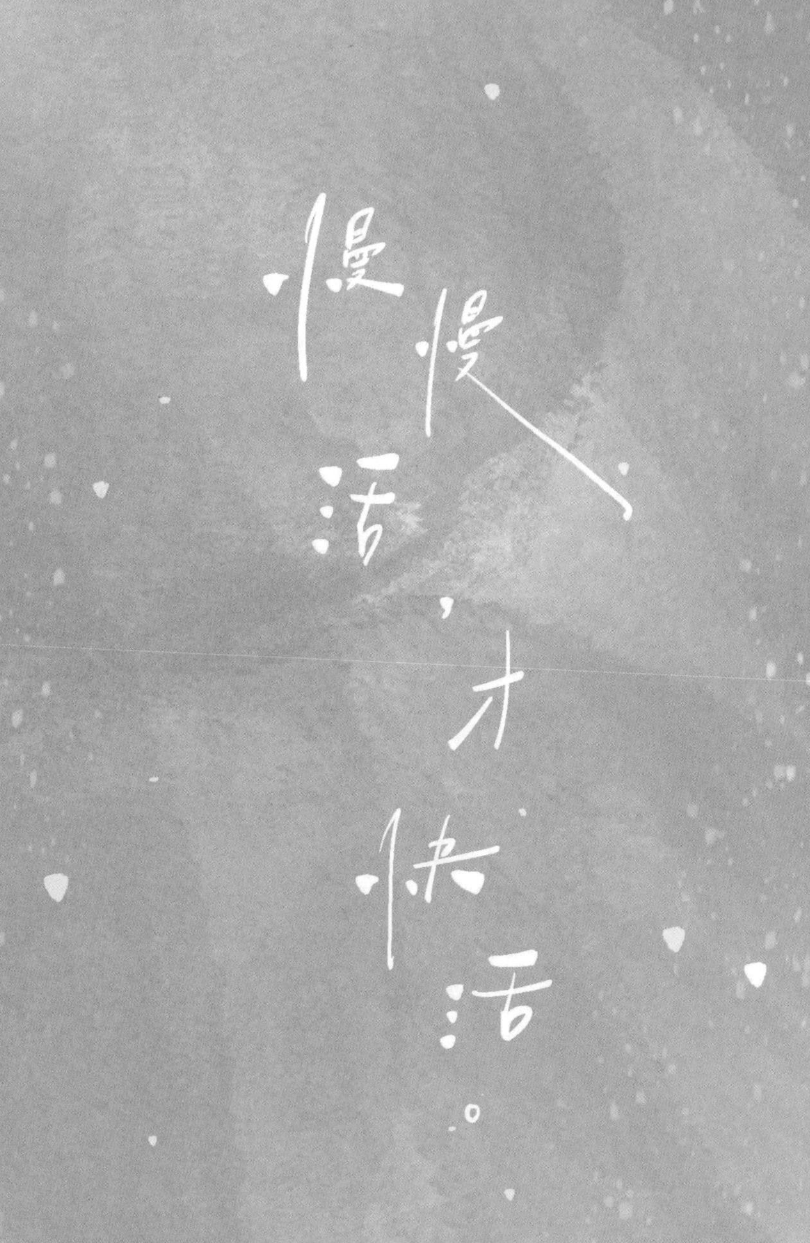
慢慢活，才快活。

食到自己想食嘅嘢
感受到陽光活潑
雨天寧靜嘅一刻
做到自己想做嘅嘢

同身邊愛嘅人
一齊共渡時光

係黑暗抬起頭
有高樓大廈嘅遮擋
望到成個天都係星星

陳蕾每一次的活動
我都搶到飛

見到所愛嘅人

病咗嘅時候
听爸听媽
好著緊咁照顧我

每次對仔女好惨咁攬住我，
嗌：「媽媽～」

外國讀書返到香港
食雞蛋仔同格仔餅

鍾意嘅歌手
出咗首啱feel嘅歌

自然之寶
自然唯美

收到你畫嘅「嘘字」！

結婚彼此講誓詞的一刻
BB出世喊嗰刻

每日放工過完鐵返屋企
都有小狗芷芷
等我返屋企
芷芷守住條鐵閘
係我每日最幸福嘅一刻

同貓咪一齊瞓

Hea足一整日
乜都唔使理

凍咗幾個月，
有太陽＋黑目濾鏡
終於春暖花開七彩繽紛
有太陽

沒想到自己還有機會
去見兒時偶像
還聽他唱了一整晚的歌
發現自己還是會被感動
好滿足

喺麥當勞食朱古力新地
店員畀好多醬我

與至愛共聚一刻
共享團圓

有住家飯食

大熱天時行行吓街
突然有人賣雪糕，仲要好味嗰隻
食嗰下真係好幸福

母親節凌晨12點
收到兩個囡囡一齊寫嘅卡片，
手畫埋我頭像
即刻甜蜜蜜，幸福地入睡

每次失戀時
都有好姊妹
不嫌其煩地
聆聽同陪伴我
讓我覺得自己還是重要的

在你感到極為低谷時，
一個訊息問候，一起禱告，
陪伴出入醫院，傳遞著
暖意的行動甚至介處，分擔
照顧患病的你和年幼的
孩子留宿

夏末秋初
空氣中開始有種涼涼淺感
嘩！人類好幸福呀!!

能夠認識到
各位插畫朋友
一齊擺市集
一齊約出嚟玩！

身邊朋友因為我嘅熱情同堅持
受影響而開始環保

同唔同畫師一齊畫速畫
見到啲人客開心滿足

好凍好凍嘅時候
食到熱辣辣嘅餃子

當係我會溫書
溫得好辛苦時，
有人突然開門問，
要唔要攞啲餸畀我哋
食㗎一刻覺得好幸福

打排球嘅時候
守到一球好perfect嘅殺球

瞓醒
發現係一天光唔係天黑
諗起琴晚係秒瞓著

開門媽咪話有湯飲

置身演唱會現場

做學生可能讀書辛苦
但出嚟做嘢就知
做學生幸福

兒時與父母過聖誕節
收到巨型朱古力聖誕襪

喺市集
為大家用速畫
留住記憶
作品令大家滿心歡喜
展露出笑容的一瞬間

係好攰嘅時候
食一盒熱辣辣嘅
燒賣魚旦

喺嫲嫲最後嘅日子
喺醫院病房攞椅畀佢
然後聽到佢話好開心

喺街等男友
聞到麵包店牛油味好香
男友到咗後
竟然一早準備咗
金牛油曲奇送畀我

平
静

直視emo
擁抱emo
fix情緒的bug

接完freelance job出糧嗰刻
因為靠自己talent
做自己鍾意做嘅事搵到錢

喺美荷樓
一齊搞畫展

可以同我追咗好耐嘅
丹尼爾單獨合照

知道鍾意嘅星
嚟香港開演唱會

落完雨
有太陽
雀仔飛過
花開

有人send message
問我最近點

忙碌咗一整日
在浴室開着花灑
輕輕亨歌
然後深呼吸一口氣
享受一陣子無拘無束

見返好多年冇見嘅
屋企人同朋友

喺台上
用自己寫嘅歌
贏到台下嘅
歡呼聲同掌聲

要出第一本書嘅時候
喺會議室撞到你

Watching sunset
on the beach with my friends
music playing from our portable
speaker in the background

第五章
大家的幸福

她為我們撐起了全世界

不管怎樣，她還是為我們撐起了全世界

三歲那年，媽媽和爸爸離婚了。
從那時起，我從未聽過媽媽說爸爸一句壞話。

今年年初，爸爸生病住院，
我知道媽媽其實並不願意去看他，
但她擔心我和家姐會感到無助，
還是從馬鞍山趕到元朗，
那一晚，我們用盡所有方法支持爸爸。

爸爸走了之後，我和家姐想做些 Pokémon 紙製品給他，
媽媽知道我們只是有心無力，
便主動幫我們一起完成。
即使喪禮結束了，她還是繼續做，
打算在「上位」那天燒給爸爸。

其實我和家姐早就放棄了，
但媽媽每天仍花上十個小時，沒日沒夜地製作，
整整兩個月。

當我看到客廳裡滿滿的 Pokémon 紙製品，
那一刻，我感到一種難以形容的幸福感——
因為我有這樣的一位媽媽。

故事提供：小師妹

收工喇？有蛋撻食！

收工喇？有蛋撻食！

幸福是，
我跟老公說今日會很忙，
他就會來接我放工，
還特地買了蛋撻給我。

但其實，
他比我更早起身，
一早就出門開工了。

故事提供：Vivian

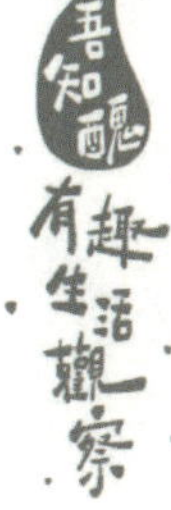

老師，辛苦了

這位好老師，有個好關心你的同學仔♥

老師，辛苦了！

因為感覺到中文老師壓力很大，
所以我一直很想送她一點小禮物，替她打打氣。
後來發現她好像很喜歡阿醜的畫，
我就鼓起勇氣 DM 阿醜，希望他能為老師畫一幅畫。

老師收到後，不想在同事面前流淚，
就忍到回家才哭。
我想，那是因為她感受到，
有學生在默默地明白她、關心她。

中六 last day，全班每一位都收到了她親手寫的卡和訂製的禮物。
我也一樣。
更特別的是，在我準備 DSE 最疲憊、最沮喪的時候，
她送了我一幅畫，畫中有我和我兩隻貓貓，

那一刻，我立刻有了繼續努力的動力。
要選一個最幸福的時刻真的很難，
但我真的好感恩，
自己遇上一位這麼好的老師。

故事提供：阿政

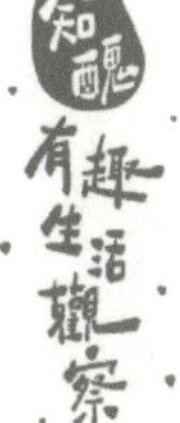

謝謝你 老師收到了

這裡有個貼心的同學仔↑

美好得反個小白眼

謝謝你，老師收到了

去年十二月，
正當我忙碌得廢寢忘餐，
有位中六學生特意送上一張聖誕卡——
一面印著阿醜的畫作和我偶像的歌詞，
另一面則寫滿對我的鼓勵，
使我受寵若驚，差點在教員室灑淚。

原來她留意到我的喜好和工作壓力，
特意私訊阿醜，希望他能為我畫一幅畫。
我一直為自己教學和批改作業時的笨拙感到困擾，
但習慣在學生面前戴著面具，
掩蓋內心的憂慮。
她卻主動告訴我，她看到了我的用心和努力。

老師從不求甚麼回報，更沒想過有學生的心思如此細膩，
會明白和關顧老師的感受。
能遇上這位天使並非必然，
能與她相互扶持，
正是我最幸福的時刻。

因此，在文憑試期間，
我反過來為她畫了一幅畫，
希望她也能感受到這份幸福。

故事提供：阿雯

屬於我的寧靜時光

屬於我的寧靜時光

來到英國第二年，
我第一次擁有自己的小蝸居。
夜晚開著迷你 projector，
看著 Netflix，
一個人靜靜地窩著，
享受屬於我的寧靜時光。
真的，很享受。

故事提供：牛丸

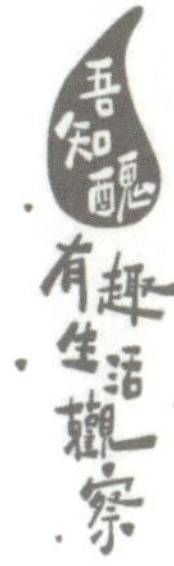

替人道別
也學會了
珍惜相見

美好得反個小白眼

我替人道別，也學會了珍惜相見

我是一名遺物整理師及禮儀師，
專門協助人處理離世親人的遺物。
每當我走進一個住所，
看到鞋子怎樣放、看到某個習慣性擺放的位置，
我都像在默默認識一位已經不在的人，
每次見到先人的生活痕跡和習慣，
都好像認識了一位新朋友。

當喪禮結束，或是整理完一個滿載回憶的住所後，
主家對我說一句「謝謝你」，
有時更會給我一個擁抱、一個握手，
那一刻，我真切地感受到，
我真的幫到人了。
我很愛我的工作，
它一次次提醒我：
愛要及時，
不要吝嗇將愛說出來。

因為我們常常說「再見」，
但我領悟到的是，
「每見一次，就會少一次。」
要珍惜。

故事提供：嵐．殯葬女生

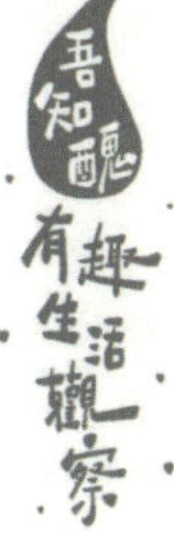

小朋友的神奇魔法

小朋友的神奇魔法

有個小朋友跟我說：
「當你傷心的時候，就吃一塊蛋糕吧！」

離職時，我送給學生每人一個四葉草吊飾，
有小朋友說：
「我不要四葉草，我要你。」

這大概是這輩子我聽過，
用「最感動」都不足以形容的話。

故事提供：瑋琦

人生最幸福一刻
愛你的家人
安心離去

人生最幸福的一刻，是送他安心離開

自小沒有爸爸，
祖父一直就像父親一樣陪伴我成長。

他病重時，我們守在病床旁，
在離世前那一刻，他看著我們，
一個一個，輕聲喚著名字。

叫到我時，我對他笑了一笑，
他也努力地、用盡最後一點力氣，
對我笑了一下，
然後，便閉上眼，靜靜地離開了。

看到他含笑離去，
那一刻，我知道他走得安心，
那是我人生最幸福的一刻——
因為他帶著愛，帶著笑，離開這個世界。

故事提供：阿思

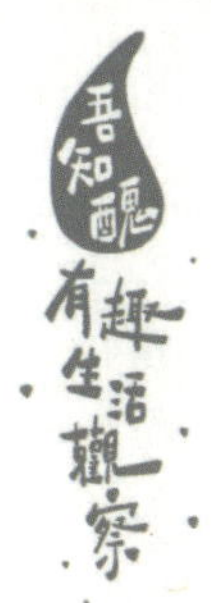

練功

美好得反個小白眼

練功

幸福是——
投入在自己熱愛的事情上，
在那個不斷「練功」的過程中，
全神貫注、忘我投入。

那一刻，世界好像靜止了，
只剩我和我刻功。

故事提供：圖像佬

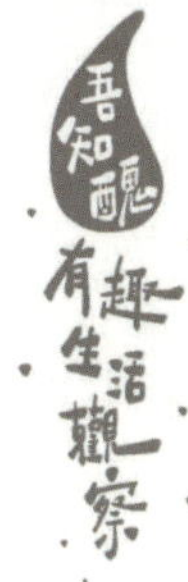

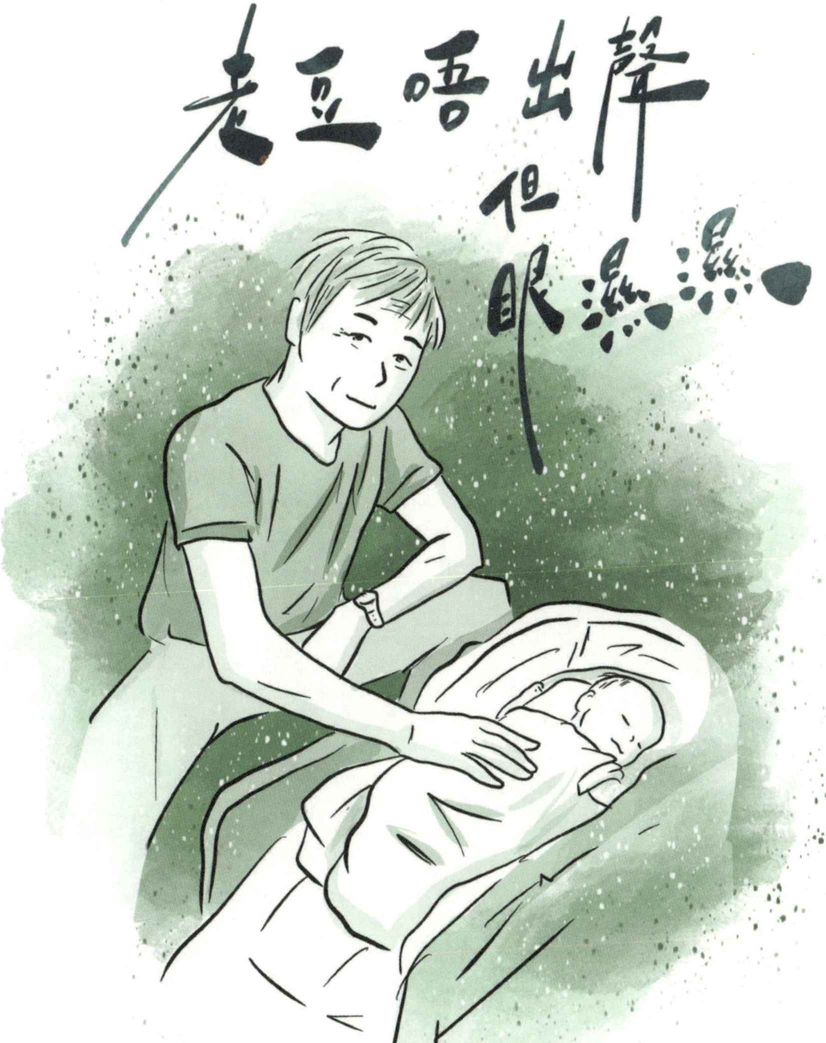

老豆唔出聲 但眼濕濕

老豆唔出聲，但眼濕濕

我還記得那天，我剛生完小朋友，
爸爸媽媽來醫院探我。

一向冷靜、不太表露情緒的老豆，
見到我時，眼眶竟然濕濕的。

那一刻，我真切地感受到，
他對我的愛錫和關懷。

故事提供：Mabel

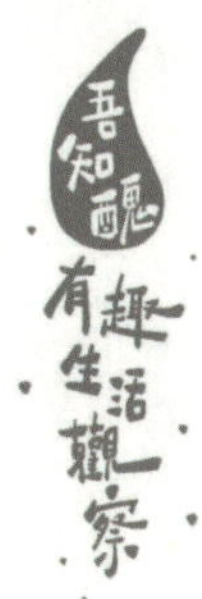

喺媽媽身邊 我仲係個女

喺媽媽身邊，我仲係個女

搬離家庭已經十年了，
這是第一次，媽媽來我家住足一整個月。

她幫忙收衫、煮飯、打掃屋企，
那種被照顧的感覺，
令我好像又回到從前，做女兒的那段日子。

生活簡簡單單，
在媽媽身邊我就變回女兒，
就是幸福。

故事提供：恩恩

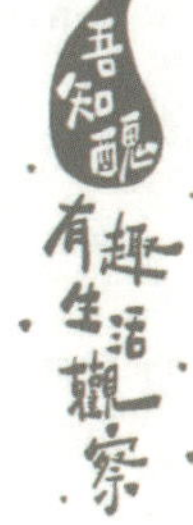

果汁有種「你做得好」嘅味道

果汁有一種「你做得好」的味道

我一直對車有興趣，
所以數年前，進入了一間車行工作。

那段時間雖然辛苦，卻非常開心——
每天穿梭在上百架新車之間，
學習不同崗位的工作內容，
每一天都充實得像在追夢。

起初，同事們把我當成一個小妹妹，
但隨著時間，他們開始信任我，
甚至在完成 project 那天，
還請我喝了一杯果汁。

那一刻，
我覺得人生是那麼幸福和美好。

至今想起這件事，嘴角還是會不自覺地上揚，
好像那時的幸福感，
一直都留在我心裡。

故事提供：Kaka

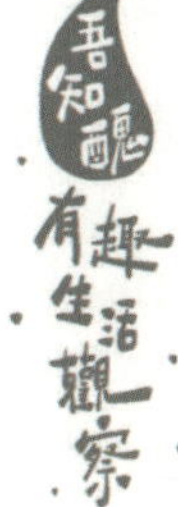

幸福是幸好我有你

幸福是，幸好我有你

每個人都說我好幸福，
但我一直都說不出幸福是甚麼。
因為我一出世就是個折翼的天使，
和其他人不太一樣，好像總是需要被特別照顧。

不過，當我回想有你的那些日子，
你好像把「幸福」變得具體起來了。

幸福是每天早上吃你親手做的花生三文治；
幸福是你明明忙碌了一整天，還堅持下廚煮蒜蒸半邊蝦；
幸福是你醉醺醺時，突然對媽媽講出來的情話；
幸福是一生嘴硬的你，在夜深時想念兒子而偷偷抹眼淚。

我知道，有人會說我把你「神化」了，
但我不介意，因為只有我知道你在我生命裡扮演了怎樣的角色。
雖然我們相處的時間不長，短得我會埋怨上天的狠心，
但同時，我又真的很感恩，
自己有幸成為你的女兒。

好吧，其實我可能真的明白了，
為甚麼大家都說我幸福。
因為我真的，很幸福。

故事提供：Enya

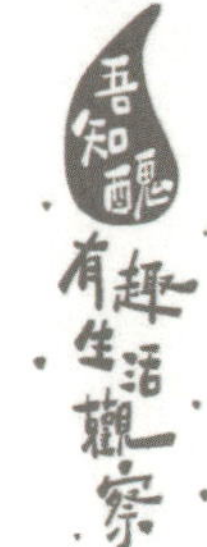

攬住標標喺梳化瞓晏覺

美好得反個小白眼

攬住標標喺梳化瞓晏覺嘅時光

曾聽說過，小狗今生今世選擇做你家狗狗，
是因為牠等不及當你的子女，
所以排了快線做狗狗。

我堅信呀！

成為了你的媽媽七年多，
雖然母親節一朵康乃馨也沒收過，
你不讀書又挑食皮膚又不好敏感藥又貴（下省一千字）……
謝謝你選擇了我成為你的媽媽，
永遠愛你呀衰仔！

故事提供：proud dog mum 標媽

鮑魚地獄

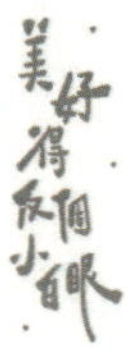

「鮑魚地獄」

前陣子打羽毛球拉傷筋腱，需要在家休養兩個月。
爸爸擔心我獨居，外出買餸不方便，
於是想儘方法帶食材過來，
有時他甚至搭一個多小時巴士，
為的只是帶一回新鮮的菜肉給我。

爸爸特別喜歡買新鮮海鮮，尤其是鮑魚。
每次來都會送上一大袋，動輒十多隻，
高峰時期，我冰箱竟然塞了三十多隻鮑魚。
我都忘記了，是否我曾有説過喜歡吃。

一開始，我總是勸爸爸不用買了，
來一趟太花費心神、時間，
那麼多菜，我又根本吃不完。

但慢慢覺得，
其實這些都是他關心我的方式。
與其每次都拒絕他，
不如接受了這些心意，
他應該會更開心。
我看《黑白大廚》，裡面有個「豆腐地獄」：
廚師只用豆腐做主食材，不斷創作豆腐菜式，
所以我戲稱自己好像活在「鮑魚地獄」。

想起我拖著殘腿，洗鮑魚、處理鮑魚、煮鮑魚，
一邊很痛苦，一邊又很感謝爸爸的關心和照顧，
這段「地獄」時間，這個傷殘人士，
努力處理鮑魚，太好笑，
這份幸福很特別。

故事提供：徐緣

溫馨一家

溫馨小事

最幸福一刻是，
一家人窩在沙發看電視，
廣告一響，我衝向洗手間。

聽到家人說：開始播了！
我趕著跑回沙發上，
剛好趕上播放那一刻。

故事提供：三家姐

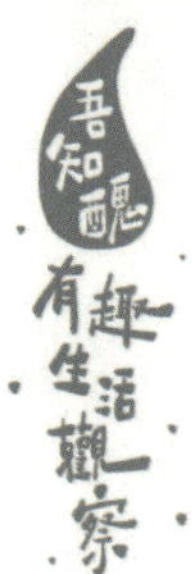

畢業了的大仔貓貓

美好得反個小白眼

「畢業」了的大仔貓貓

十年前，我領養了兩隻貓，
從那一刻開始，慢慢學習如何成為一個「爸爸」。

大仔每晚都會跳上床，窩在我身旁入睡。
起初他只是把頭輕輕靠在我的手臂上，
後來越來越放心，乾脆直接躺在枕頭上，
像個小朋友一樣。
每次看著他熟睡的樣子，
心裡總會感到一份安心和平靜。

他在上個月「畢業」了。
雖然不捨，但我知道，能夠陪伴他十年，
一起生活、一起累積無數回憶，
已經是人生中最幸福的事之一。

他一直都很乖巧、很懂事。
我相信，他現在在彩虹橋那邊，
一定過得自在快樂。

故事提供：Kelvin

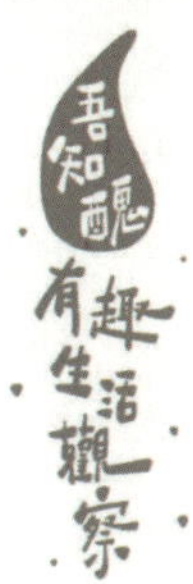

美好得反個小白眼

當下

醫生告知身體有恙，
我滿心灰暗。

茶樓裡，家人談笑間，
心漸漸安靜下來。

端起茶杯，慢悠悠地喝了一口。
人生苦短，當下的幸福最為珍貴。

故事提供：阿豬媽

我們都要好好的。

書　　名：吾知醜有趣生活觀察——美好得反個小白眼
繪　　著：吾知醜 iamuglyyeah

出 版 社：亮光文化有限公司 Enlighten & Fish Ltd
社　　長：林慶儀
編　　輯：亮光文化編輯部
設　　計：亮光文化設計部
地　　址：新界火炭坳背灣街61-63號盈力工業中心5樓10室
電　　話：(852) 3621 0077
傳　　真：(852) 3621 0277
電　　郵：info@enlightenfish.com.hk
亮 創 店：www.signer.com.hk
面　　書：www.facebook.com/enlightenfish

2025年7月初版

ISBN　978-988-8884-65-0
定　　價：港幣$138

法律顧問：鄭德燕律師